# 脱贫攻坚先锋

## 2019年全国脱贫攻坚奖获奖先进单位事迹

TUOPIN GONGJIAN XIANFENG
2019 NIAN QUANGUO TUOPIN GONGJIANJIANG
HUOJIANG XIANJIN DANWEI SHIJI

国务院扶贫开发领导小组办公室
脱贫攻坚先锋系列图书编辑委员会 编

中国人力资源和社会保障出版集团
中国劳动社会保障出版社 中国人事出版社

**图书在版编目（CIP）数据**

脱贫攻坚先锋．2019年全国脱贫攻坚奖获奖先进单位事迹 / 国务院扶贫开发领导小组办公室，脱贫攻坚先锋系列图书编辑委员会编．-- 北京：中国劳动社会保障出版社：中国人事出版社，2019

ISBN 978-7-5167-4337-9

Ⅰ．①脱…　Ⅱ．①国…②脱…　Ⅲ．①扶贫 - 模范单位 - 先进事迹 - 中国
Ⅳ．① K820.76

中国版本图书馆 CIP 数据核字（2019）第 273682 号

**中国劳动社会保障出版社**
**中　国　人　事　出　版　社** **出版发行**

（北京市惠新东街1号　邮政编码：100029）

*

北京华联印刷有限公司印刷装订　　　新华书店经销

787毫米×1092毫米　16开本　15.75印张　1插页　300千字

2019年12月第1版　　2019年12月第1次印刷

**定价：42.00元**

读者服务部电话：（010）64929211/84209101/64921644

营销中心电话：（010）64962347

出版社网址：http://www.class.com.cn

## 习近平对脱贫攻坚工作作出重要指示强调

# 咬定目标一鼓作气<br>确保高质量打赢脱贫攻坚战

## 李克强作出批示

在第六个国家扶贫日到来之际，中共中央总书记、国家主席、中央军委主席习近平对脱贫攻坚工作作出重要指示强调，新中国成立 70 年来，中国共产党坚持全心全意为人民服务的根本宗旨，坚持以人民为中心的发展思想，带领全国各族人民持续向贫困宣战，取得了显著成就。党的十八大以来，党中央把脱贫攻坚摆到更加突出的位置，打响脱贫攻坚战，全党全国上下同心、顽强奋战，取得了重大进展。困扰中华民族几千年的绝对贫困问题即将历史性地得到解决，这将为全球减贫事业作出重大贡献。

习近平指出，当前，脱贫攻坚已到了决战决胜、全面收官的关键阶段。各地区各部门务必咬定目标、一鼓作气，坚决攻克深度贫困堡垒，着力补齐贫困人口义务教育、基本医疗、住房和饮水安全短板，确保农村贫困人口全部脱贫，同全国人民一道迈入小康社会。要采取有效措施，巩固拓展脱贫攻坚成果，确保高质量打赢脱贫攻坚战。

中共中央政治局常委、国务院总理李克强作出批示指出，当前，脱贫攻坚已进入决胜关键阶段。各地区各部门要坚持以习近平新时代中国特色社会主义思想为指导，贯彻落实党中央、国务院决策部署，再接再厉，持续推进脱贫攻坚各项工作。要全面解决“两不愁三保障”突出问题，集中力量攻克深度贫困堡垒。强化产业扶贫和就业帮扶等措施，加强易地扶贫搬迁后续扶持，巩固脱贫成果防止返贫。持续扎实做好东西部扶贫协作、对口支援、定点扶贫等工作，继续动员全社会力量参与脱贫攻坚，各方面形成合力，确保完成今年再减少 1 000 万以上贫困人口的任务，为明年打赢脱贫攻坚战、全面建成小康社会奠定坚实基础。

（来源：新华社北京 2019 年 10 月 17 日电）

# 前　言

消除贫困、改善民生、实现共同富裕，是社会主义的本质要求。党的十八大以来，以习近平同志为核心的党中央高度重视扶贫工作，把扶贫开发摆到更加突出的位置，全面打响脱贫攻坚战，大力推进精准扶贫、精准脱贫，脱贫攻坚取得重大决定性成就，显著改善了贫困地区和贫困群众生产生活条件，谱写了人类反贫困历史新篇章。

近年来，各地各部门认真贯彻落实习近平总书记关于扶贫工作的重要论述和党中央脱贫攻坚决策部署，积极投身脱贫攻坚，做了大量扎实细致的工作，涌现出一大批先进典型。为树立脱贫攻坚榜样，引领社会风尚，营造浓厚氛围，凝聚精神动力，弘扬社会主义核心价值观，进一步动员社会各方面力量积极参与打赢脱贫攻坚战，实现全面建成小康社会的目标，经党中央、国务院批准，国务院扶贫开发领导小组在“十三五”期间每年开展全国脱贫攻坚奖评选活动，表彰为脱贫攻坚作出突出贡献的组织和个人，2016 年评选出 38 名获奖者，2017 年评选出 40 名获奖者，2018 年评选出 99 名获奖个人和 40 个获奖单位，2019 年评选出 101 名获奖个人和 39 个获奖单位。人力资源和社会保障部、国务院扶贫开发领导小组办公室授予 8 名在脱贫攻坚中表现突出的杰出人士“全国脱贫攻坚模范”称号；2014 年我国设立扶贫日以来，习近平总书记、李克强总理每年都作出重要指示批示或出席重大活动。

将在脱贫攻坚中涌现出的典型模范、先进个人和单位事迹，以出版物形式记载下来，并通过这种形式讲好中国扶贫故事，宣传中国扶贫成就，展现新时代中国特色社会主义道路、理论、制度、文化自信，展现中国减贫模式和成效，不仅对中国而且对世界减贫事业及全人类发展均具有重要意义。为此，国务院扶贫开发领导小组办公室组织力量，已将 2016 年、2017 年、2018 年全国脱贫攻坚模范、全国脱贫攻坚奖获奖个人和 2018 年获奖单位先进事迹汇编成书并出版发行。今年，又将 2019 年全国脱贫攻坚模范、全国脱贫攻坚奖获奖个人和获奖单位先进事迹汇编成书。希望通过本系列图书的出版发行，更好地宣传脱贫攻坚涌现出的典型模范和先进事迹，以鼓舞和动员全社会进一步形成推进脱贫攻坚工作的强大合力，更加坚定我们打赢脱贫攻坚战、全面建成小康社会的信心和决心。

国务院扶贫开发领导小组办公室

2019 年 12 月

# 目　录

## 全国脱贫攻坚奖组织创新奖
（按行政区划排列）

# 全国脱贫攻坚奖组织创新奖

QUANGUO TUOPIN GONGJIANJIANG
ZUZHI CHUANGXINJIANG

**北京新发地农副产品批发市场中心** 鼓励农民走进市场，获得更多的利益分配；帮助贫困地区进行基地建设，实现农产品标准化、规模化种植。在全国投资建设了10个分市场和330万亩标准化种植基地，覆盖大部分贫困地区特别是深度贫困地区。通过不断探索、创新，形成了“政府、龙头企业、批发市场、销售大户合力抓两头，农民干中间”的新型产销对接模式。在兰考县，建立了“农户—合作社—公司—市场”的发展模式，也称兰考蜜瓜脱贫模式，具有典型的推广意义。公司免费帮助贫困户建设大棚并提供种苗、农资以及种植全程技术服务，贫困户只需土地入股进行日常管理。符合标准的优质蜜瓜全部回收，所得利润公司和贫困户五五分成。一家贫困户可以管理10个蜜瓜大棚，一年收益可达6万元。

# 上连三农下连消费　精准扶贫见成效

北京新发地农副产品批发市场中心（简称新发地市场）在农副产品产供销链条中处于“上连三农下连消费”的关键位置，通过在农产品主产区和贫困地区建设分市场和生产基地，能最大限度地发挥引导产业结构调整、促进产销有效衔接的优势。由于处于关键产业位置，承担独特产业角色，加之对国家脱贫攻坚战略的深刻理解，新发地市场走出了一条创新突破、效果显著的特色扶贫之路。

## 农田链接大市场　特色扶贫思路新

新发地市场长期承担着北京80%以上的农产品供应。2018年新发地市场交易量为1 689万吨，交易额为1 080亿元。北京对优质特色农产品需求巨大，这恰好给结对帮扶地区优质特色农产品提供了广阔市场。在精准扶贫过程中，新发地市场借助“上连三农下连消费”的优势，把精准扶贫和产销对接有机结合起来，切实推动扶贫工作。经过几年的探索、实践，最终形成了“政府、龙头企业、批发市场、销售大户合力抓两头，农民干中间”的新型产销对接模式。新发地市场的扶贫思路有三点：

一是鼓励农民走进市场，拉长利益链条，获得更多的利益分配。新发地市场每年接待几百场来自全国各地政府、企业、农民组织的参观考察活动。通过在新发地市场的考察，他们深入了解了农产品流通和市场运行规律，同时也获得了市场需求的相关信息。新发地市场为河北承德等地区提供办公场所，方便其及时了解农产品销售价格，与市场

/ 新发地市场基地

销售商洽谈对接，更好地指导当地农民种植。

二是在贫困县进行基地建设，帮助当地实现农产品标准化、规模化种植。新发地市场先后在内蒙古自治区赤峰市林西县建设大小椒和洋葱种植基地 4 000 多亩，在河北省涞源县建设蔬菜和鲜食玉米种植基地 100 多亩，在河北顺平、乐亭、平泉、隆化、饶阳建设大桃、甜瓜、西瓜、葡萄种植基地 3 180 亩，在江西安远、信丰、寻乌、会昌建设脐橙种植基地 6 800 亩，在甘肃秦安、庄浪建设苹果种植基地 5 000 亩，在云南临沧、永德建设芒果种植基地 1 650 亩，在陕西大荔建设冬枣、西瓜种植基地 3 560 亩，在山西大同建设圣女果种植基地 1 100 亩等。

/ 内蒙古扎赉特旗农产品北京推介会

三是举办推介会，搭建产销对接的桥梁。为了让贫困地区的农产品不仅能卖钱还能多卖钱，新发地市场每年举办近百场农产品推介会。例如，在 2018 年河北地区农产品推介会上成交 224 万吨、77 亿元，在内蒙古地区农产品推介会上成交 42 万吨、13 亿元。

## 兰考蜜瓜助脱贫　“蒙牌”农品影响大

兰考县是国家级贫困县，几年前新发地市场走进兰考进行实地考察，发现兰考的盐碱沙地特别适合种蜜瓜。2015 年新发地市场委派蜜瓜大王张宗志在兰考县建设蜜瓜育苗基地和兰考蜜瓜标准化种植示范园。从种苗培育到市场销售，进行全程技术指导，并在示范园内种植新发地市场培育的适销对路的优质蜜瓜品种，为广大的兰考蜜瓜种植户做示范，引导瓜农大规模种植。2018 年上半年，兰考蜜瓜基地在新发地市场累计销售优质蜜瓜 6 400 多吨，销往全国多个市场，得到市场的认可和好评。

通过探索，在兰考县逐步形成了“农户一合作社一公司一市场”的发展模式。公司免费建设大棚，并提供种苗和农资，种植过程中全程为贫困户提供技术服务。贫困户只需土地入股进行日常管理，符合标准的优质蜜瓜全部回收，由公司负责销往新发地市场，所得利润公司和贫困户五五分成。一家贫困户可以管理 10 个蜜瓜大棚，按照每棚净利润 6 000 元计算，一年两季净利润可达 6 万元。

在兰考县提前实现脱贫的同时，内蒙古自治区武川县、额济纳旗、宁城县等多地以不同形式在新发地市场举办农产品主题展销推介活动，多维度提升“蒙牌”农品的品牌影响。新发地市场在内蒙古地区投资开办产地市场和生产基地，构建农产品产销对接

新发地市场兰考蜜瓜销售专区

流通渠道。新发地市场走进内蒙古赤峰，在元宝山区开办了新发地平庄农产品批发市场。该市场占地面积 10 万平方米，直接从业人员 6 800 多人，年交易额已达 18 亿元，带动周边 2 万多人就业。2018 年，新发地市场帮助内蒙古地区销售农产品 42 万吨、13 亿元。

## 扶贫实践无止境　贫困群众收益多

新发地市场在涞源、隰县、阳高、林西等地的扶贫比较有代表性。

一是涞源扶贫。涞源县山多、地少、水少，“有地的地方没水，有水的地方没地”，当地的农业发展一直存在诸多困难。2019 年 3 月，新发地市场让“茄子百强大户”李军与南屯镇南屯村飞建蔬菜种植合作社合作，种植“ 219 茄子”，这个品种好成活、好管理、产量高，日光温室大棚亩产 1 万斤以上，每亩地能收入上万元。下一步计划试种一种菜薹，这种菜薹有阳光就生长，而且耐低温，亩产 3 000 斤以上。

二是隰县扶贫。隰县是国家级贫困县。2017 年 9 月，新发地市场在隰县建设了 6 000 多亩玉露香梨种植基地。基地执行最高种植标准，采用以色列最新水肥一体化滴灌系统，以密植方式实现大规模种植。这个模式在隰县产生了深远的影响。2019 年 9 月，大量的优质隰县玉露香梨登陆新发地市场。通过种植、销售玉露香梨，帮助隰县

/ 新发地涞源重点扶贫基地

2 262 人脱贫。

三是阳高扶贫。阳高县是国家级贫困县。新发地市场在阳高的蔬菜种植经营模式有两种：

一种是贫困户以棚入股，每棚一亩，每年每棚分红 1 500 元。贫困户工人在蔬菜基地工作每人每天工资 100 ~ 120 元，月薪 3 000 ~ 3 600 元。一个贫困户家庭工资收入加上大棚分红，年总收入为 40 000 元左右。

另一种是贫困户以家庭为单位零投入（除人工费），自己种植并管理大棚。合作社实行统一管理，基地提供种苗、种植技术、肥料等。设立最低保底收购价，上不封顶。统一回收成品、统一分解、统一包装、统一品牌，将“阳鲜生牌”阳高蔬菜销往北京等地。如每棚茄子产量 12 000 斤，每斤收购价 1.2 元，每棚收益可达 14 400 元，扣除前期每棚垫付的 4 000 元，贫困户每棚收入 10 400 元。

新发地兰考县蜜瓜育苗扶贫基地

四是林西扶贫。2019 年，依托“辣椒大王”王兴君的技术优势，在大营子乡老君沟村建立现代化育苗基地，培育市场辣椒种苗。现已在大营子乡种植陆地大田辣椒 3 500 亩，带动贫困户 1 210 户户均增收 3 000 元左右。新品种品质好，销售价格高，为大营子乡贫困户的脱贫增收带来了稳定的保障。

新发地市场进行扶贫主要是和种植者也就是农民打交道。农民做事讲究眼见为实。所以，每到一个地方扶贫，新发地市场先是确定当地适合种植且市场需求旺盛的农产品，再让相应的经营大王去建种植示范园。“想让农民干，先让农民看”，让农民看怎么种植、怎么管理，让他们相信不仅能种好，还能依托新发地市场的流通大平台把种出来的农产品卖好，这样农民就放心了。农民在勇敢尝试后，再积极扩大规模，这样就可以将产业逐步发展起来。2018 年新发地市场评出了“经营百强”，2019 年又把“果品大

/ 新发地市场展览展销会

/ 新发地市场工作人员在涞源县慰问贫困户

王”扩大到100名。这“百强”和“百王”，就是新发地市场的重要抓手。今后，新发地市场将继续通过“百强”“百王”的力量，进一步深入贫困地区，带动和帮助当地农民脱贫致富奔小康，过上幸福生活。

（照片提供：北京新发地农副产品批发市场中心）

**天津市妇女儿童发展基金会** 从本地出发，全面救助天津市困难妇女儿童，通过实施千村“两癌”患病妇女救助、千村老年女性健康救助项目，建立“五救助一保障”救助模式，坚持把扶贫工作扶到点上、扶到根上。环津冀辐射，贴心救助河北贫困妇女和留守儿童，捐资20万元开展“困难妇女大病救助”精准扶贫工作，举办“爱心助成长 情暖上学路——和爸妈一起团聚过年”公益活动，募集资金51.6万元帮助承德市平泉市八十亩地村小学改建校舍。关怀西部地区妇女儿童，连续10余年共捐赠价值200余万元的物资帮扶新疆地区以及在津就读的新疆内高班学生，为西藏地震灾区捐赠价值约23万元的全新羽绒服，为甘肃省甘南藏族自治州舟曲县困难妇女儿童捐赠价值80余万元的爱心衣物和价值5万元的文具用品。

# 脱贫硬任务　攻坚勇担当

为积极响应党中央和天津市委市政府关于精准帮扶、东西部协作扶贫、对口援助等决策部署，天津市妇女儿童发展基金会（简称基金会）主动作为，把协助相关部门做好扶贫攻坚工作作为责无旁贷的重大政治任务，坚持以“拾遗补阙救急难”为原则，以“精准扶贫促发展”为措施，扎实有效地开展各项脱贫攻坚工作。

## 从本地出发，全面救助天津市困难妇女儿童

为贯彻天津市委市政府针对全市1 000个结对帮扶困难村提出的“不让一村一户一人在小康路上掉队”的帮扶原则，基金会把帮扶资金和项目重点向本市千个结对帮扶困难村倾斜，坚持把扶贫工作扶到点上、扶到根上。

一是开展千村“两癌”患病妇女救助。针对妇女群体中高发的两大癌症——乳腺癌、宫颈癌，2018年基金会策划实施了“关爱千村患‘两癌’困难妇女”救助项目，拟在3年内对千个帮扶村中罹患“两癌”的妇女全部进行救助，向每人发放救助金1万元。该项目被市委市政府列入2018年20项民心工程。基金会以春节、妇女节、国庆节等为契机，共举行了5次发放仪式，将救助金发放到患病妇女手中。在每次发放仪式上，还邀请抗癌明星分享生活经历、邀请医学专家开展健康讲座。基金会已完成对千村655名患“两癌”妇女的救助工作。

二是开展千村老年女性健康救助。基金会紧紧围绕市委市政府的中心工作主动作

/“关爱贫困母亲　助力千村帮扶”——为千个帮扶村中患“两癌”妇女每人发放救助金 1 万元

为，针对最困难的女性群体开展精准帮扶。经过与中国人寿保险天津市分公司多次沟通协商，共同启动实施了“为单亲困难母亲和千村 70 周岁以上女性购买意外伤害保险”的精准扶贫项目，并提高赔付标准、优化保障项目、简化理赔流程，真正体现了精准帮扶。该项目被市委市政府列为 2019 年民心工程。基金会共出资 206 万元，为千村 42 928 人捐赠意外伤害保险。考虑到 70 周岁以上老人的实际情况，将保险范围确定为“意外身故、意外瘫痪、意外医疗”，赔付金额分别为最高 15 000 元、6 000 元和 10 000 元。

三是建立“五救助一保障”救助模式。聚焦单亲困难母亲需求，以政府资金为引导、社会资源为依托，积极探索物质援助与精神抚慰并举、分类救助与重点帮扶兼顾的帮扶新途径，通过构建生活救助、医疗救助、教育救助、创业救助、心理救助和购买安康保险的“五救助一保障”模式，为单亲困难母亲办实事、做好事、解难事。10 多年来已累计募集资金近 5 000 万元，帮扶单亲困难母亲 20 余万人次。

生活救助送温暖。将“普受惠”与“救急难”相结合，一方面，在春节、妇女节、儿童节等节点集中开展慰问活动，为单亲困难母亲发放慰问金以及米、面、油等生活用品，组织她们和子女参加亲子运动会、亲子一日游、观影、看话剧等活动；另一方面，对突发大病或遭受意外事故等有特殊困难的单亲困难母亲给予 500 ~ 3 000 元救助金。

/ 天津市妇女儿童发展基金会工作人员合影

医疗救助减压力。对患有妇科疾病、乳腺癌和宫颈癌及其他重大疾病的单亲困难母亲，给予 3 000 ~ 20 000 元救助；对单亲困难家庭患有白血病等重大疾病或罕见病的子女，给予 10 000 ~ 20 000 元救助；与爱心医疗机构建立支持关系，为单亲困难母亲提供免费体检并帮助单亲困难家庭的患者减免医疗费用。教育救助谋未来。引导社会组织、爱心企业家与单亲困难家庭结成帮扶对子，对考上大学本科的单亲困难母亲的子女给予每人 2 000 元助学金，对高考成绩 600 分以上、考上一本重点大学的单亲困难母亲的子女给予每人 5 000 元、连续 4 年的资助，共帮助近千名考上大学的单亲困难母亲的子女顺利走进大学校门。创业救助促增收。坚持“输血”与“造血”并重，争取女企业家支持，建立“单亲困难母亲创业循环金”，为有志于创业的单亲困难母亲提供最高 50 000 元、为期 1 年的免息创业资金。在创业循环金的帮助下，涌现出种植冬枣的李月英、在淘宝网售卖剪纸作品的李玉荣、在山上养鸡的孟翠玲等一批单亲母亲创业典型，她们逐步扩大经营规模，使家庭经济状况得到较大改观。心理救助扶志气。把心理救助作为一项重要内容，成立坚强母亲俱乐部，每年开展自强母亲表彰大会，为单亲困难母亲树立榜样。基金会联合有关高校和专业心理咨询机构，为单亲困难母亲及其子女提供心理健康辅导，帮助他们直面困难、积极生活、走出孤独、融入社会。购买保险有保障。与中国人寿保险天津市分公司联合开发保费低、保障高、手续简便的女性安康公益保险，由基金会出资，为全市近万名单亲困难母亲购买保险。同时，争取有关保险公司为全市单亲困难母亲捐赠意外伤害保险，实现了单亲困难母亲健康安全双保险。

## 环津冀辐射，贴心救助河北贫困妇女和留守儿童

认真贯彻落实国务院扶贫开发领导小组《关于广泛引导和动员社会组织参与脱贫攻坚的通知》要求，基金会从帮助贫困人口解决最直接、最现实、最紧迫的问题入手，主动作为。

一是积极参与“京津冀社会组织跟党走——助力脱贫攻坚行动”，与河北省承德市妇女联合会联合开展“困难妇女大病救助”精准扶贫工作，为承德市榆树林子镇 6 个贫困村（社区）的困难妇女提供总计 20 万元的重大疾病救助。承德市妇联深入各村摸底调查出 47 名患有心脑血管意外、尿毒症、各种恶性肿瘤等重大疾病的困难妇女，为她们每人提供 3 000 ～ 5 000 元医疗救助，以改善家庭生活条件。

二是为帮助河北省邯郸市临漳县的留守儿童和他们在天津打工不能回家过年的父母团聚，基金会联合河北省妇联，共同举办了“爱心助成长　情暖上学路——和爸妈一起团聚过年”公益活动。在爱心机构、爱心人士的支持下，留守儿童与父母一起免费游玩

/“爱心助成长　情暖上学路”公益活动组织河北承德留守儿童来津与父母团聚

了天津特色景点，品尝了天津特色美食，感受了天津热情的风土人情。

三是“治贫先治愚，扶贫先扶智”。教育是阻断贫困代际传递的治本之策。基金会联合其他爱心机构募集资金 51.6 万元，帮助承德市平泉市八十亩地村小学改建校舍，让孩子们在明亮的教室中学习，在干净的操场上奔跑，在温暖的阳光下健康成长。

## 跨东西联动，牵手关怀西部地区妇女儿童

依托“恒爱行动”，连续 10 余年对新疆地区以及在津就读的新疆内高班学生进行帮扶。基金会共征集爱心妈妈、爱心企业为孤残儿童和困难家庭儿童编织、捐赠的爱心毛衣、披肩 20 000 余件，惠及天津、新疆、陕西儿童 20 000 余人，投入帮扶资金超过 200 万元。“恒爱行动”以一根根毛线的力量，汇聚了社会各界的爱心，架起了爱心父母与广大儿童情感联结的桥梁，成为天津市家喻户晓的公益品牌，成为服务边疆各族妇女儿童、维护社会长治久安的民心工程，成为社会公众奉献爱心、践行社会主义核心价值观的慈善参与平台。

2015 年西藏自治区受尼泊尔地震影响，大量群众受灾。基金会联系爱心企业捐赠价值约 23 万元的 650 件全新羽绒服，通过天津民航免费空运到日喀则市受灾群众手

“恒爱行动”——爱心人士为在津就读的新疆内高班学生捐赠毛衣

/“一家衣善”——为甘肃省甘南藏族自治州舟曲县博峪学校捐赠过冬衣物

中，帮助受灾妇女儿童抵御严寒。基金会通过“一家衣善”项目，组织多家爱心企业捐赠总价值 80 余万元的爱心衣物 7 000 余件，多次深入甘肃省甘南藏族自治州舟曲县，将爱心衣物送到困难群众手中。以儿童节为契机，基金会为舟曲县 4 所贫困小学送去价值 5 万元的书包、文具盒、笔记本和铅笔等文具用品 3 700 件，深受当地儿童的喜爱。

（照片提供：天津市妇女儿童发展基金会）

**河北省邯郸市魏县** 认真贯彻习近平总书记关于“防止返贫和继续攻坚同样重要”的重要指示精神，按照邯郸市委提出的“未贫先防”工作部署，试点先行、大胆创新，坚持开发式扶贫与保障性扶贫相结合，用改革的办法防贫堵贫，探索建立精准防贫机制，创新性地构筑了一道返贫、致贫的“截流闸”和“拦水坝”。对于因为某些原因有可能掉到贫困线以下的家庭，防贫机制立即跟上，使他们不至于返贫或致贫。自精准防贫机制建立以来，全县共监测因病、因学、因灾对象 9 785 人，纳入防贫保险金发放范围的有 826 人，发放金额为 919 万元，没有出现一例新增返贫、致贫户。

# 源头防贫　斩断穷根

如何在积极消除贫困存量的同时，又有效控制贫困增量？河北省邯郸市魏县认真贯彻习近平总书记关于“防止返贫和继续攻坚同样重要，已经摘帽的贫困县、贫困村、贫困户，要继续巩固，增强‘造血’功能，建立健全稳定脱贫长效机制”的重要指示精神，按照邯郸市委提出的“未贫先防”这一具有前瞻性、开创性、战略性的工作部署，将精准防贫工作作为一项重要民生命题、重大政治任务，摆到与脱贫攻坚同等重要的地位，同安排、共部署、齐推进。

魏县坚持开发式扶贫与保障性扶贫相结合，成立了专项工作领导小组，围绕“为谁防、防什么、怎么防、如何保”进行了广泛座谈、深入调研，翔实掌握了开展精准防贫工作的第一手材料，确立了“全县统筹、县乡联动，事前框定、事后认定，突出重点、注重实效”的 24 字精准防贫原则。经过反复推敲、几易其稿，最终制定

/ 魏县有关领导深入大马村乡康南村群众家中了解生产生活情况

/ 魏县太平洋保险公司工作人员进村入户调查核实拟救助对象家庭信息

了数据翔实、机制健全、程序简便、切实可行的精准防贫工作实施方案。在此基础上，积极探索、创新实践，试点工作取得了突破性进展，率先在全市乃至全省开辟出一条精准防贫之路，从源头上构筑起一道返贫、致贫的“截流闸”和“拦水坝”。全县共监测因病、因学、因灾对象 9 785 人，纳入防贫保险金发放范围的有 826 人，发放金额为 919 万元。

## 坚持精准设计：划定两条线，打造无缝“防贫圈”

所谓两条线，即预警监测线和防贫保障线。针对骤贫、返贫对象发生时间不固定，事前框定“标准”“界限”不易掌握的实际情况，在反复讨论研究的基础上，魏县县委县政府做出大胆探索，变“先行收入核算框定”为“后台数据预警监测”。瞄准收入不稳的已脱贫户（即非高标准脱贫户）和不在建档立卡范围内的农村低收入户（即非贫低收入户）两类极易返贫、致贫的重点群体，组织扶贫、教育、社保、民政等有关部门，对全县农村人口近 3 年在医疗、就学、灾情等方面的有关费用及具体案例进行大数据分析，划段测算、抽样调研，分类评定预警监测线，将花费超过这条线的“两非”人员纳入防贫重点对象，上报县防贫办公室实施定向跟踪。在防贫保障线设置上，参照市定标准，以国家现行农村扶贫标准的 1.5 倍为限，低于防贫保障线即纳入防贫范围，经调查确认符合救助条件的发放保险救助金。

## 坚持精准创新：设立防贫保险，扩大保障“覆盖面”

为有效防贫，很多地方选择了购买保险，魏县也不例外。但保险险种大都是“保到人头”，最多是“只保一家”。而骤贫、返贫对象很难固定，尤其是魏县农村人口近 80 万人，这么大一个群体，保险怎么买？谁来买？有没有一种保险，保障对象不针对“具体人”，而针对“一类人”？魏县大胆尝试，先后与太平洋财险、中国人民财险等多家保险公司协商洽谈，最终与太平洋财险公司达成协议，合作创设“精准防贫保险”。由县财政拿出 400 万元作为防贫保险金，按每人每年 50 元保费标准为全县 10% 左右的农村人口购买保险。按照协议规定，保险金多退少补，余额结转下一年度使用。通过购买

“第三方”服务，借助太平洋财险公司专业化手段，实施入户勘察核算，并负责对经综合认定符合条件的防贫对象发放保险金。此举不仅做到了“少花钱、多办事”，还推动了保险创新，实现保险险种由“定人定量”到“群体共享”的颠覆性转变。

## 坚持精准识别：靶准三大重点，开出精准“补偿方”

针对全县因病、因学、因灾等返贫、致贫因素，通过部门定期监测，及时纳入防贫序列，并针对每一类防贫对象在救助补偿上划分不同区间，经过系统的审查、评议等程序进行认定后，给予救助补偿。

一是在因病防贫上，属于非高标准脱贫户的，以自付费用 0.5 万元作为预警监测线，超出此线，纳入监测序列，经第三方勘察认为可能返贫的，分设 0.5 万元以下、0.5 万 ~ 1.5 万元、1.5 万 ~ 3.5 万元、3.5 万元以上 4 个区间，分别按 30%、50%、70%、90% 阶梯式比例发放防贫保险金；属于非贫低收入户的，以自付医疗费用 2 万元设置预警线，超出预警线且经勘察认定符合条件的，分设 2 万元以下、2 万 ~ 7 万元、7 万 ~ 12 万元、12 万元以上 4 个区间，全额按照同样阶梯式比例发放防贫保险金。

二是在因学防贫上，年支付学费、住宿费、教科书费超出预警线的，在总学费扣除 0.8 万元起付线后，分设 0.3 万元以下、0.3 万 ~ 0.5 万元、0.5 万元以上 3 个区间，按 100%、80%、60% 比例发放防贫保险金。

三是在因灾防贫上，自然灾害类扣除 1 万元起付线后，分设 1 万元以下、1 万 ~ 3 万元、3 万元以上 3 个区间，按 40%、60%、80% 比例发放防贫保险金，最高不超过 3 万元。交通事故类经司法等程序未得到相应赔偿或已得到赔偿但需要长期医治的，分两种情况发放防贫保险金：一种是因财产损失过高可能返贫或致贫的，参照因灾防贫办法发放保险金；另一种是因医疗花费过高可能返贫或致贫的，参照因病防贫办法发放保险金。

## 坚持精准运作：建立联动机制，打造高效“流水线”

为让防贫对象第一时间获得补偿，魏县坚持县、乡、村、第三方四级联动，明确分工、各有侧重，相互配合、协调联动，创制高效快捷、衔接顺畅的“五步工作法”，环环相扣，真正做到了“简便而不简单”。

一是信息收集。由社保、教育、民政等相关部门，结合各自职能，每月将监测到的因病、因学、因灾等防贫对象有关信息报告县防贫中心。对于农户自行向县乡村申报的，随接收随报告。

二是调查核实。县防贫中心接到相关信息后，以委托书的形式转交第三方，即太平洋财险公司。第三方组织人员逐户走访，采取“四看、一算、一核、一评”的方式，核实验证家庭人口、收入、重大开支、返贫致贫风险等情况。“四看”，即看住房、看家用、看大件、看儿女；“一算”，即算收入；“一核”，即核信息，由县国土、市场监管、交警等部门逐户进行房产、经营实体、车辆等信息比对；“一评”，即评估家庭整体情况。调查取证结果附具体意见（确定拟列入保险金发放对象），反馈至县防贫中心。

三是评议公示。县防贫中心以乡镇为单位进行任务转办，乡镇按村进行分解，由村“两委”组织有关人员进行评议，并在村内显著位置公示 5 天，如无异议，将人员名单连同评议记录、公示照片等交至乡镇，经乡镇收集整理后上报县防贫中心。

四是审批备案。县防贫中心对乡镇上报结果进行审批、备案，并通知保险公司发放防贫保险金，时间一般不超过 1 个月。

五是资金发放。由县保险公司对照审批名单，将防贫保险金直接打到群众提供的银行账户上，并将有关凭证报县防贫中心。

同时，为防止个别对象未被大数据监测到而出现漏查、漏报，魏县又开通县乡村三级通道，接受农户自行申报，同样纳入核查范围，并有针对性地建立“月排查”制度，每月组织乡村干部对农村户籍人口全面排查一遍，一旦发现有返贫致贫风险的及时纳入

/ 为救助对象发放防贫保险救助金

/ 向兄弟市县介绍魏县精准防贫工作经验做法

防贫对象。通过多条腿走路，确保防贫无遗漏。此外，为提升效率，还在县防贫中心设立申报窗口，在保险公司设立防贫专柜，在有关银行设立绿色通道，最大限度地为群众提供方便。

## 坚持精准保障：抓实结对帮扶，注入保稳“强化剂”

为防止贫困反弹，杜绝一“保”了之，在给予必要的经济补偿的同时，魏县坚持从增强“造血”功能入手，做到“扶上马再送一程”，针对防贫对象不同需要，通过安排干部帮扶，量身定制、因户施策，千方百计提高他们的收入水平，提升其抗击风险能力。

一是产业扶持。对于有创业或发展产业愿望的防贫对象，属于非高标准脱贫户的，采用“小额贴息贷款”进行创业扶持；属于非贫低收入户的，通过县“扶贫防贫救助基金”，为其提供 2 万元以内 2 年期无息创业助业金，因户制宜帮助发展特色养殖、高效种植、家庭手工业等致富产业，增加生产经营性收入。

二是引导就业。对于有就业意愿的防贫家庭，由县社保部门统一组织，免费提供技能培训，并通过劳务输出或介绍到“扶贫微工厂”和其他县内外有需求的企业就业，增加工资性收入。

三是兜底分红。对一无劳力、二无技术的家庭，重点采取政策兜底进行保障。除帮助其办理低保外，对依旧可以享受扶贫政策的脱贫户，实施光伏扶贫、“量资入股”，以此获取分红，增加收入。为了不断营造“扶贫不扶懒汉”“劳动高尚、脱贫光荣”的良好氛围，对有劳动能力的防贫对象，提供村内治安员、民调员、保洁员等岗位，让他们力所能及地从事一些劳动。

魏县通过两年的实践，在四个方面取得明显成效：一是对于一些因为某些原因有可能掉到贫困线以下的家庭，防贫机制立即跟上，使他们不至于返贫或致贫，有效防止了“悬崖效应”。自精准防贫机制建立以来，全县没有出现一例新增返贫、致贫户。二是对于一些脱贫户来说，非但政策不减，反而又多了一层保障，大大增强了群众的获得感和脱贫积极性。三是对于一些未纳入建档立卡范围的“边缘户”，发生困难时，也能够及时得到救助，不至于陷入贫困，从而有效促进了社会公平。四是通过市场化的办法购买第三方服务，让专业的人干专业的事，有效降低了廉政风险。魏县精准防贫的做法受到国家和省市有关领导及社会各界的广泛关注，《人民日报》《经济日报》《中国改革报》《河北日报》等100多家媒体予以报道。

（照片提供：河北省邯郸市魏县扶贫和农业开发办公室）

**山西省产业扶贫工作站** 围绕光伏扶贫投资到位、项目落地、运营维护、收益分配四个环节，不断探索创新。在项目组织推进中，面对方方面面的问题，提前预判工作走向，主动与相关部门密切配合，协调解决各种难题。山西省光伏扶贫项目总装机规模262.9万千瓦，建设村级光伏扶贫电站3 484座、123.9万千瓦，集中光伏扶贫电站53座、139万千瓦。项目布局优先向脱贫任务较重的区域倾斜，国定贫困县占到94.3%。研发光伏扶贫收益分配管理系统，将光伏扶贫收益从电费结算到运营费用、分配到村到户支出，精确到每件事，精确到每个人，精确到每分钱。获中国能源产业扶贫政府创新奖。

## 坚持探索创新　推进光伏扶贫

山西省作为全国光伏扶贫首批试点省份，省委省政府从全局高度，把光伏扶贫作为脱贫攻坚的重要举措，列入脱贫攻坚“八大工程、二十项行动”，并成立省光伏扶贫领导小组办公室，设在产业扶贫工作站（简称扶贫工作站）。扶贫工作站坚决贯彻省委省政府的决策部署，以习近平总书记视察山西重要讲话精神为指导，围绕投资到位、项目落地、运营维护、收益分配四个环节，不断探索创新，强力组织推进，使光伏扶贫成为山西省贫困地区挖掘资源禀赋优势、破解产业匮乏难题、实现转型发展的开山之举，成为贫困村培育发展集体经济、保障深度贫困人口持续稳定增收的重要途径。

/大同市天镇县黑石梁一期二期工程

/ 召开山西省光伏扶贫大数据应用培训会

## 深入研究探索，加强顶层规划

由于从未接触过光伏项目、不懂发电原理、不谙行业政策，扶贫工作站最初在推进光伏扶贫工作时面临极大的挑战。同志们先行搜集研习光伏行业相关政策，再四处拜师求教，请发改部门介绍行业知识，去电力部门了解发电常识，进企业实地观摩运行管理。2015 年以来，依据国家光伏扶贫有关政策，扶贫工作站先后起草制定了 7 个省级光伏扶贫政策文件，在总体目标、重点任务、建设模式、支持政策、保障措施等方面，推动完善山西省光伏扶贫的顶层设计。特别是 2016 年集中人员进驻光伏企业一个多星期，起草《山西省光伏扶贫项目管理暂行办法（试行）》。作为全国首个省级光伏扶贫行业标准，对光伏扶贫项目承建主体、技术要求、建设条件、运营监管等进行全面规范，设置了光伏扶贫门槛，为确保光伏扶贫建设质量奠定了坚实基础。山西省光伏扶贫项目总装机规模 262.9 万千瓦，建设村级光伏扶贫电站 3 484 座、123.9 万千瓦，集中光伏扶贫电站 53 座、139 万千瓦。项目布局优先向脱贫任务较重的区域倾斜，国定贫困县占到 94.3%，10 个深度贫困县占到 40%。

## 坚持问题导向，破解推进难题

光伏扶贫是一项系统工程，涉及部门多、政策性强，在项目组织推进过程中，扶贫工作站提前分析预判工作走向，主动与相关部门密切配合，协调解决遇到的各种难题。面对光伏品牌过杂、承建企业实力不强、招标价格虚高等问题，紧盯项目“集中开工期”，采取每月调度、备案审核、曝光问题等方式，加强质量监管并提出全省招标指导价。“十三五”第一批光伏扶贫项目，建设成本由每瓦 7.49 元降至 6.52 元，节省费用近 10 亿元。面对部分集中式扶贫电站电网送出工程与项目主体建设不能同步问题，扶贫工作站联合省发改、电力等部门到周边省份调研，提出社会资本参与电网送出工程，按照“谁投资、核给谁”的原则协调处理。面对光伏扶贫用地问题，依照国家政策，采取“一事一议”方式，配合国土部门具体问题具体分析，需要重新规划报批的特事特办，确保全部项目建设按时开工。面对工程进度问题，坚持每月通报进展，2017 年“一对一”给 10 个市的市长发函，强调抢抓机遇加快推进光伏扶贫。2018 年，全省光伏扶贫建设规模 102.9 万千瓦，占全国四分之一，当年开工、当年并网、当年运行，创造了山西速度。

/ 在瓦窑口召开的光伏扶贫收益分配民主评议会

/ 扶贫工作站参加全国光伏扶贫培训工作视频会议

## 广泛宣传辅导，执着坚守奉献

宣传普及光伏扶贫政策，是光伏扶贫健康稳步发展的关键，也是扶贫工作站用心、用力做得最多的工作。2016 年，在广泛调研和政策梳理的基础上，围绕“谁来干、怎么做、钱哪来、如何管、谁受益”五个方面问题，拍摄制作了 18 分钟光伏扶贫科教宣传片，腾讯网站和光伏资讯等平台的点击量超过 10 万人次。同时，扶贫工作站借助各类培训普及光伏扶贫政策，从贫困村第一书记到市委书记，从电站运维人员到行业部门干部，每年培训人数达 2 000 余人次，并先后受邀为省委督导组、省委巡视组、审计署驻太原特派办解读光伏扶贫政策。2017 年 5 月，在湖北宜昌全国光伏扶贫会议上，扶贫工作站担负培训授课任务。同年 11 月，在全国光伏扶贫视频推进会上，扶贫工作站介绍了山西省项目编制经验做法。2018 年，作为扶贫部门唯一代表参与国家《精准扶贫村级光伏扶贫电站管理与评价导则》评审。扶贫工作站对光伏扶贫从陌生到一步步逐渐深入，从外行到一次次政策宣讲，再到参与国家政策制定，一路走来虽然艰辛，但取得的工作成效非常显著，有目共睹。

## 创新管理机制，确保稳定运行

光伏电站理论设计寿命长达 25 年，后期运营维护尤为重要。按照“政府主导、市场化运作”的理念，2018 年，扶贫工作站指导光伏扶贫项目县委托机构或指定专人建立光伏扶贫管理平台，对辖区内的村级（联村）光伏扶贫电站集中管理，主要负责电站电费结算、收益分配、数据录入及日常管护、运维监管等工作，形成“管理平台—运维公司—受益对象”三方互为监督、利益联结的光伏扶贫管理架构。2019 年，作为全国光伏扶贫信息监测数据接入试点省份，组织全省建成并网村级（联村）电站与国家电网数据对接。2019 年 4 月，全省动员部署后，五一劳动节前后 10 余天，密集举办 4 个省级培训会和国网电商光伏学院培训班，邀请国网电商专家 30 余人次到山西省指导工作。截至 2019 年 5 月底，全省有 3 000 多座村级光伏扶贫电站实现与国网数据对接，其中纳入国家补助目录的 2 984 座电站全部接入。通过对光伏扶贫电站发电效率和运行状况的实时监控，山西省建成并网的村级光伏扶贫电站发电正常率达到 99% 以上，部分电站发电量已超过当地光照条件理论测算值的 20%。经过协商，省电力公司义务承担省级光伏扶贫项目日常监测，专业分析全省扶贫电站运行状况，每月向扶贫工作站提供电站运行发电相关数据。与此同时，针对村级光伏扶贫电站点多面广、地处偏远、易发自然灾害等实际情况，扶贫工作站与中国人寿、中国人保等央企合作，开发光伏扶贫保险产品，建成并网村级光伏扶贫电站投保率达到 100%。

## 研发分配系统，开展绩效评价

收益分配是光伏扶贫工作的核心环节，如何加强光伏扶贫电站收益分配的过程管控，保障光伏扶贫项目实施效果，一直以来是扶贫工作站思考和困惑的焦点。对于惠及数十万贫困人口的产业项目，特别是面对逐年递增的发电收益，单靠报表统计来达到精准目标是根本不可能的。2018 年初，扶贫工作站着手研发光伏扶贫收益分配管理系统，光伏扶贫收益从电费结算到运营费用、分配到村到户支出，精确到每件事，精确到每个人，精确到每分钱，并系统分析收益拨付方式及扶贫细项，一目了然，便于查验。这是山西省光伏扶贫探索创新的又一实践成果，是今后做好光伏扶贫工作不可或缺的应用工具。系统研发过程坎坷，多次试点多次修改，前后历时近一年时间，终于在 2019 年 5 月在全省推

/ 与市县同志一道探讨研究光伏扶贫工作推进过程中遇到的问题

广应用，效果良好，开启了光伏扶贫信息化大数据管理时代。在此基础上，扶贫工作站跟进制定《山西省光伏扶贫项目考核评价实施办法》，按照成本指标、效益指标、调整指标三大体系，设立 24 个指标要素，量化考核评价分值，分别以县和电站作为两大评价主体，划分 4 个考核评价等级。评价结果作为市县年度脱贫成效考核的重要依据，对于“示范电站”，授予牌匾，颁发证书；对于“不合格电站”，将承建企业列入省光伏扶贫“黑名单”，并视相关整改情况通报或约谈。2019 年底，山西省光伏扶贫绩效考评工作将全面展开。

“十三五”第二批光伏扶贫项目已经下达，国家安排山西省规模为 23.2 万千瓦，涉及 4 个市、14 个国定贫困县。下一步，扶贫工作站将对光伏扶贫持续发力，不断探索创新工作机制，让光伏扶贫这项惠民政策生根开花，让阳光照亮脱贫之路。“太阳出来就赚钱，光伏给我好光景。”在中央政策的关怀下，在扶贫工作站及有关方面的努力下，山西，这片古老的土地，正谱写着一段以光伏产业推动精准扶贫的辉煌篇章。清澈的汾河水，巍峨的太行山，会牢牢记住为这片热土奉献过智慧和汗水的脱贫领路人。

（照片提供：山西省产业扶贫工作站）

**内蒙古自治区通辽市科尔沁左翼后旗** 将脱贫攻坚作为最大的政治任务和促进民族团结、稳固边疆的最大民生工程来抓，将产业扶贫作为根本性举措，实现贫困群众持续稳定增收。聚焦黄牛优势产业，先后出台11项支持政策，扶持贫困户养牛6.23万头，人均养牛2.2头，80%的贫困户通过养牛实现脱贫。创新益贫性工作机制，让贫困群众在生态建设与管护中实现年人均增收738元，达到治沙与治贫双赢。大力发展浅埋滴灌、庭院经济以及光伏、电商等产业，密切农企利益联结机制。截至2018年底，累计减贫11 690户30 285人，贫困综合发生率由2014年的11%降至1.23%，通过内蒙古自治区贫困旗退出第三方评估验收。

# 立足稳定增收　强化产业扶贫<br>引领群众依靠勤劳双手过上好日子

科尔沁左翼后旗位于内蒙古自治区通辽市东南部，辖20个苏木镇场，总面积11 570平方公里，人口40.18万，其中蒙古族占75.17%，是内蒙古自治区县域蒙古族人口居住最集中的地区之一，是国家扶贫开发重点旗，也是革命老区。精准扶贫开展以来，旗委旗政府深入贯彻习近平总书记关于扶贫工作的重要论述，全面落实党中央和自治区党委、市委关于脱贫攻坚的各项决策部署，把脱贫攻坚作为最大的政治任务和促进民族团结、稳固边疆的最大民生工程来抓，实现贫困群众持续稳定增收；把产业扶贫作为根本性举措来抓，按照“资金跟着贫困户走、贫困户跟着产业走、产业跟着市场走”的工作思路，根据每家每户的实际情况，集中会诊、对症施策，推动有劳动能力的贫困户产业发展全覆

/ 科尔沁左翼后旗生态产业扶贫模式入选全球减贫案例

盖。全旗 5 年累计减贫 11 690 户 30 285 人，贫困综合发生率由 2014 年的 11% 降至 1.23%，通过内蒙古自治区贫困旗退出第三方评估验收，群众满意度 99.57%，错退、漏评率为零。科尔沁左翼后旗的经验做法多次被《人民日报》、新华社等媒体深入报道，“生态产业扶贫案例”入选全球优秀减贫案例，受邀参加 2019 年 5 月 15 日在意大利罗马举行的“2019 全球减贫伙伴研讨会”并作交流发言。

## 牵住黄牛产业“牛鼻子”　带领群众赶着黄牛奔小康

立足资源禀赋和发展优势，科尔沁左翼后旗旗委旗政府将黄牛产业作为群众脱贫增收的主导产业来抓，先后出台 11 项支持政策，引导贫困群众养牛致富，走出了一条“为养而种，为牧而农，草畜平衡，农牧结合”的良性循环发展之路。2018 年，被列入全国首批养殖大县名录。全旗黄牛饲养量达 81 万头，贫困户（含已脱贫户）养牛 6.23 万头，人均养牛 2.2 头，全旗有 80% 的贫困户通过养牛实现脱贫。

一是推行四种模式，确保贫困群众家家有牛养。在全面调查摸底的基础上，创新贫困户贷款饲养基础母牛“四种模式”，将贫困户分为“能贷能养、能贷不能养、不能贷能养、不能贷不能养”四类，分类制定针对性措施，实现了有劳动能力的家家有牛养、

/ 发展黄牛产业

/ 扶持养牛合作社

无劳动能力的户户有分红。对能贷能养的，全部给予贷款支持，鼓励群众自繁自育自养，形成“小规模大群体”；对能贷不能养的，利用贷款购牛，通过合作社合养、大户托养、亲友代养等方式养牛；对不能贷能养的，使用扶贫项目资金统一购牛，交给贫困户饲养；对不能贷不能养的，由镇村帮助协调项目资金，贫困户与企业、合作社、养殖大户签订协议，进行资金托管，享受利润分成。二是创新金融产品，确保贫困群众有钱养牛。旗财政先后投入 6 500 万元风险抵押金，存入农业银行、旗信用联社，放大 10 倍予以发放贷款。在全国首创肉牛繁育贷和育肥贷金融产品，用科技手段将非标准化、不能确权抵押的肉牛活体资产转变为标准化、可确权抵押的金融性资产，开创了政府、银行、保险公司和企业等多方合作的新模式，支持肉牛龙头企业、养殖大户和农户养殖肉牛，最大限度满足资金需要。同时，协调金融机构对贫困户实施延长贷款周期、无还本续贷等多项优惠政策。 2014 年以来，全旗各金融机构共发放扶贫贷款 11.46 亿元，居全区首位。2017 年、2018 年，科尔沁左翼后旗农村信用合作联社连续两年荣获“中国精准扶贫十佳县域银行”称号。三是转变经营方式，确保贫困群众养好牛。培养产业指导员和畜牧技术服务员 1 055 名，加大技术培训力度，指导贫困群众转变生产方式，实行种养结合，推行人畜分离。全旗每年种植青贮都在 120 万亩以上。完善配套服务，建立健全旗镇村三级服务网络，降低养殖风险，提高养殖效益。建立黄牛改良站、防疫站各 22 个，村级冷配点 680 个，全旗黄牛冷配率达到 100%，母牛繁殖率提高到 90% 以上，重大动物疫病防疫密度实现 100%。为贫困户基础母牛办理养殖保险，损失一头牛可获赔 6 000 元，解除了贫困户的后顾之忧。四是推进全产业链发展，确保贫困群众养牛收益。引进牛肉及牛副产品深加工企业 4 家，成立养牛专业合作社 910 个，引领黄牛产业向规模化、标准化、组织化发展，打造了“科尔沁肉牛”品牌。“科左后旗黄牛”通过国家原产地保护产品认证，“科尔沁牛业”是全国第一家通过牛肉产品有机认证的企业，也是中国牛肉行业唯一进入世界肉类组织的企业，“科尔沁”商标被认定为“中国驰名商标”。搞活交易市场，推动线上线下交易，仅科尔沁黄牛交易市场年交易黄牛就达 60 万头以上。

## 握紧生态产业“金钥匙” 推进治沙与治贫双赢

科尔沁左翼后旗位于科尔沁沙地腹地。科尔沁沙地曾经是全国土地沙化严重、生态环境非常脆弱的地区之一，沙化面积一度达到近 80%。面对生态和民生的双重压力，旗委旗政府践行“绿水青山就是金山银山”的发展理念，坚持生态优先、绿色发展，创新造林、管护和益贫性工作机制，积极探索既让沙地增绿又让群众增收的发展路子。贫困人口年人均增收 738 元。

一是创新造林机制，大规模生态修复促增收。坚持自然修复与工程治理相结合，用好财政补贴资金，撬动社会资金，引导各类主体投入生态建设，并采取专业施工、保活造林的模式，实行大规模连片治理，大大提高了生态治理的速度和质量。每年以 100 万亩左右的规模加速推进，已完成科尔沁沙地综合治理工程 516 万亩，围封禁牧沙化草牧场 805 万亩，设立自然保护区、封禁保护区 17 个。实施村屯绿化 858 个，通道绿化 1 800 多公里，森林覆盖率提高到 22%，新增牧草面积 120 万亩，全旗土地沙化退化现象得到有效遏制，林草植被迅速恢复，沙地治理项目区内耕地粮食单产大幅提高。二是坚持转型发展，大力发展生态产业促增收。积极调整林草种植结构，促进沙地治理由生态型向生态和效益并重转变。鼓励农牧民利用退耕还林还草地块、采伐更新迹地、庭院周边地块，种植优质牧草、道地药材，栽植大果榛子、锦绣海棠等经济林，以结构调整促进增收。2014 年以来，建成果树和种苗基地 4 万亩、木本油料和林板一体化基地 10 万亩，建设蒙中草药材种植采收基地 50 万亩，种植紫花苜蓿 6 万亩。三是突出绿色发展，搞活生态文化旅游促增收。实施“全域、四季、旅游 +”发展战略，着力打造大青沟地质公园、阿古拉“一带一路”敖包相会文化旅游主题小镇、乌旦塔拉七彩园林等景区景点，带动贫困农牧民参与旅游产业增收。其中散都苏木车家村开发建设草甘沙漠旅游区，带动 33 户贫困家庭 117 人整体脱贫，被评为内蒙古自治区旅游扶贫示范项目。四是建立益贫性机制，引导贫困群众参与生态建设管护促增收。在生态治理中，优先吸纳贫困农牧民务工或直接参与苗木抚育管理、树木栽植、后续管护等工作，带动贫困农牧民创业增收。率先实行全域全年禁牧政策，建立了农村牧区综合执法大队，聘用 410 名建档立卡贫困农牧民为生态护林员，年人均工资 1 万元。五是建立激励机制，落实生态惠民政策促增收。采取有偿流转土地的方式，鼓励群众将沙化土地退出来用于造林种草，群众将土地交给专业造林队伍保活造林 3 年后，按照“树随地走”“谁所有、谁管护、谁受益”的原则，将林木再移交给农牧民，既解决了后续管理的问题，又增加了农牧民资产收益。落实生态奖补政策，年均发放各类生态补贴资金 6.2 亿元。

## 坚持因户施策　实现产业扶贫全覆盖

坚持精准施策、多措并举，积极拓宽产业增收渠道，加大帮扶力度，实现产业扶贫全覆盖、可持续、有后劲。一是推广高效节水农业。采取工程治理、“民干公助”等方式，大力实施以浅埋滴灌为主的农业高效节水工程建设，促进种植业提质增效。为 5 462 户贫困户实施浅埋滴灌 11.7 万亩，每亩增收 200 元左右。二是搞活庭院经济。通过政策扶持、企业带动、技术培训等措施，积极引导贫困户利用庭院种植蔬菜瓜果、发展

/ 科尔沁沙地综合治理工程科左后旗双百万亩集中治理区

/ 阿古拉“一带一路”敖包相会文化旅游主题小镇

/ 举办骑手大会

特色养殖。与北京交通大学、北京中百世贸商城签订了农产品进校园、进超市协议，建立蔬菜供应基地，解决了蔬菜销售问题。全旗贫困户发展庭院经济 8 300 亩。三是发展光伏产业。总投资 2.4 亿元，实施海鲁吐镇新艾里嘎查地面集中式光伏扶贫电站项目，惠及建档立卡贫困户 1 572 户，每户年增收 3 000 元。投资 2 亿元实施了 68 个村级光伏扶贫电站项目，2019 年 6 月末并网发电后可再带动 4 973 户每户每年收益 3 000 元。四是推进“电商 + 扶贫”。支持电商企业向基层延伸，全旗现有电子商务服务网点 452 个，带动贫困户网上销售农副产品，2017 年被评为国家级电子商务进农村综合示范县。五是鼓励自主创业增收。坚持培训一人、就业一人、致富一户、带动一片，开展实用技术培训 6 万人次，举办汽车驾驶、家政服务、母婴护理、电气焊、烹调等技能培训班 42 期，培训学员 1 788 人。建设“扶贫车间”7 个，带动贫困户就业创业。六是密切企业与贫困户利益联结。探索建立股份合作、订单帮扶、价格保护、生产托管、流转聘用等企业与贫困户利益联结机制，推广“龙头企业 + 专业合作社 + 贫困户”“龙头企业 + 贫困户 + 基地”等产业化经营模式，吸纳贫困人口融入产业链增收。科尔沁牛业、禾丰米业等 12 家龙头企业带动 9 015 户农牧民户均增收 3 000 元以上。

通过采取以上措施，科尔沁左翼后旗脱贫攻坚取得明显成效，贫困人口大幅减少，农村牧区面貌焕然一新。“好日子是干出来的”成为大多数贫困群众的共识，落后的生产生活方式得到转变，广大群众的获得感和幸福指数进一步提升。

（照片拍摄：刘延国　杨胜利）

**辽宁省大连市人民政府经济合作交流办公室对口帮扶处** 全面推行项目化管理工作模式，推动扶贫协作精准落实。建立两地全方位沟通协调工作机制，包括高层互访和高层联席会议制度、工作计划沟通衔接机制、牵头部门联合督导机制以及专项扶贫分头对接机制，确保各项帮扶措施在受援地落地见效。创建"互联网 +"消费扶贫平台、产业扶贫项目融资平台、东西部扶贫协作工作平台，促进扶贫协作提质增效。凝聚社会力量广泛参与，构建多元化大扶贫格局。充分发挥大连优势，打造职教扶贫金牌项目。大连市东西部扶贫协作工作在 2018 年度国家东西部扶贫协作成效考核中被评为"好"等次。

# 聚力对口帮扶创新　强力推动扶贫协作

2018 年，大连市人民政府经济合作交流办公室对口帮扶处（简称对口帮扶处）在办党组的领导下，深入贯彻习近平新时代中国特色社会主义思想和党的十九大精神，认真学习领会习近平总书记关于扶贫工作的重要论述，全面落实大连市委市政府关于东西部扶贫协作的部署要求，充分发挥市对口帮扶协作工作领导小组办公室的统筹协调作用，组织全市各区市县（先导区）和领导小组各成员单位，聚力工作创新，强化组织协调，加强团队建设，扎实推进各项工作，推动大连市东西部扶贫协作取得显著成效，对口帮扶的六盘水市贫困人口减少 10.8 万人、贫困村出列 107 个，为六枝特区和盘州市脱贫摘帽提供了强力支撑。大连市东西部扶贫协作工作在 2018 年度国家东西部扶贫协作成效考核中被评为"好"等次。

## 全面推行项目化管理工作模式，推动扶贫协作精准落实

积极探索强化推进扶贫协作工作的新路子，推动工作模式创新，全面推行扶贫协作项目化管理模式。一是精准确定项目。对口帮扶处在项目选择方面，聚焦精准扶贫、精准脱贫，突出"中央要求、六盘水所需、大连所能"。经过反复调研、反复沟通，最终确定 179 个年度重点任务及项目，形成年度项目清单，逐一分解到 51 个责任单位，做到项目开展的责任部门、推进措施、工作目标和完成时限四个明确。二是强力落实项目。按照"月调度、季分析、年度考核"工作机制，强力推动项目落地落实。市政府主

/ 大连市开展 2018 扶贫日慈善募捐宣传活动

要领导每季度调度，分管领导每月调度，并实行严格的督导考核机制，将各个责任单位的扶贫协作工作纳入政府绩效考核，对重点项目时间倒排、任务倒逼、挂牌督办。实行“红黄牌”通报制度，对未完成节点任务的直接亮“红牌”。通过层层传导、级级压实工作责任，推动各个项目往前突进、抓紧落实。项目化管理有效促进了东西部扶贫协作更加精细、更具实效。

## 建立两地全方位沟通协调工作机制，确保各项帮扶措施到位

与六盘水市紧密联系，构建全方位的沟通协调工作机制，推动大连市各项帮扶措施在六盘水市落地见效。一是建立高层互访、高层联席会议制度。全年组织两市党委政府高层领导进行工作互访调研活动 7 次，召开高层联席会议 4 次，高位谋划、高位推动。二是建立工作计划沟通衔接机制。签署《大连市与六盘水市扶贫协作三年行动计划协议》和《2018 年大连市对口帮扶六盘水市工作计划》，明确各项工作目标任务和双方职责，确保目标一致、步调一致。三是建立牵头部门联合督导机制。大连市政府经合办与六盘水市扶贫局每月通报各自的调度情况，推动各项工作任务同部署、同落实。四是建立专项扶贫分头对接机制。围绕产业扶贫、消费扶贫、就业扶贫、教育扶贫、卫生扶

/ 大连市大力推进消费扶贫工作

贫、农业扶贫、旅游扶贫、科技扶贫等专项扶贫协作领域，分别成立由各自相关市直部门牵头的工作专班，分头对接、分头落实。

## 创建各类工作平台，促进扶贫协作提质增效

一是创建“互联网 +”消费扶贫新平台。通过线上线下有机结合、有效互动，助推人人皆可为、人人皆能为的新型消费扶贫模式。线下，组织各相关区市县（先导区）和市国资委等相关部门，在大连市主要商街开设 8 个六盘水原产地农特产品销售中心，推动六盘水市特色农产品进入大商集团全国 300 多个店铺和大连三寰集团 30 家会有便利店销售。线上，在中国社会扶贫网开设大连馆，在大商天狗网销售六盘水猕猴桃等特色产品。全年帮助销售人民小酒、猕猴桃、茶叶、乌洋芋等六盘水农特产品 1 000 余吨，销售额 7 560 万元，带动 1 101 名贫困人口实现增收。二是创建产业扶贫项目融资平台。调整市对口帮扶协作工作领导小组成员单位，将国开行大连分行和农发行大连分行纳入小组成员，进一步强化金融服务保障。2018 年，国开行大连分行向韩伟集团蛋鸡养殖基地项目实现承诺授信 1.1 亿元。组织引导大连汇普金控在六盘水盘州市设立扶贫创投项目，利用其到位的 2.1 亿元资金，以入股或低息贷款（低于银行利率 30%）等

/ 2019 年 6 月，对口帮扶处工作人员在贵州省六盘水市调研扶贫项目推进情况

形式，支持扶贫项目建设发展。2018 年，已向岩博酒业投入 1 000 万元，帮助其扩大人民小酒生产规模，带动 300 余人脱贫。三是率先启用东西部扶贫协作工作平台。推动金普新区与六盘水盘州市在全国率先启用东西部扶贫协作工作平台，开展试点工作，将扶贫协作日常工作与平台运用紧密结合，实行动态管理，提高工作效率，积累推广经验。

## 凝聚社会力量广泛参与，构建多元化大扶贫格局

一是营造氛围，全民参与扶贫形成共识。对口帮扶处协调市委宣传部及大连电视台、大连日报社等单位，加强扶贫协作宣传，在各类媒体发稿 100 余篇，并在大连地铁站点发布扶贫协作公益广告，动员全社会积极参与脱贫攻坚。“让我们一起‘参战’，助力六盘水打赢脱贫攻坚战”“买黔货、献爱心、促脱贫”等宣传内容深入人心，扶贫协作已成社会共识。8 万大连市民成为中国社会扶贫网爱心人士。二是政策引导，鼓励社会各界积极参与。出台《大连市对口帮扶贵州省六盘水市扶贫协作鼓励政策意见》，其中包含到六盘水投资的企业可以优先享受大连市的产业扶持和奖励政策、优先享受国家开发银行和农业发展银行贷款优惠等 23 条鼓励措施，引导企业、社会组织积极投身脱

/ 2019 年 8 月，对口帮扶处工作人员筹备辽宁省（大连市）·贵州省（六盘水市）对口帮扶协议签约仪式

贫攻坚，为社会各界参与扶贫协作提供了政策保障。三是凝聚合力，广泛开展爱心扶贫行动。对口帮扶处组织两市工、青、妇、残联等群团组织和慈善总会等社会组织开展协作，社会参与度之高前所未有，动员大连市 100 余家单位募捐资金 7 600 多万元。

## 充分发挥大连优势，打造职教扶贫金牌项目

一是送机床、建基地，就地培训。协调大连市经济和信息化委员会动员机床企业捐赠价值 300 余万元的 11 台数控机床，在水城职校援建六盘水市装备制造技能人才培养基地。选派支教教师，为学校数控机床专业学生开展教学实训，并依托培养基地，面向六盘水市的职校学生和社会人员开展多种技能培训，帮助建档立卡贫困劳动者提升技能水平，也为六盘水市的产业发展培养和储备更多技能人才。二是落项目、促产业，就近就业。引导大连市各相关区市县（先导区）在与六盘水市结对区市县开展产业合作时，注重结合两地产业优势，因地制宜，推动一批装备制造业项目落地，创造更多就业岗位，帮助职校毕业生就地就业。2018 年，船用强化钢丸项目进入试投产阶段，吸纳贫困人口 40 人就业；投资 4 亿元的万特利铝合金新材料项目注册落地，将提供就业岗

/ 对口帮扶处工作人员在研究工作

位100个以上。三是创模式、引基金，推动来连就读。推动两地教育局加强职教扶贫协作。实施职业教育“2+1”联合招生模式，大连市轻工业学校、大连市女子职业中专、大连商业学校等院校与六盘水市多所学校签约，进行对口帮扶。实行兜底式支持行动，争取上海“双隆爱心”教育基金的大力支持，给予建档立卡贫困家庭学生每人每年1万元资助。2018年组织29名六盘水籍学生（其中建档立卡贫困家庭学生15名）来连就读或顶岗实习。

（照片提供：辽宁省大连市人民政府经济合作交流办公室对口帮扶处）

**中共吉林省委组织部组织三处** 着眼破解贫困村有资源没产业、有产业没产品、有产品没品牌等问题，具体牵头在全省组织开展了第一书记代言活动。为第一书记精选代言项目、设计代言途径，着力延伸产业链条、创建优质品牌。先后打造了“黄松甸木耳”“长白山下老农夫”“虹伊菇茑”等知名扶贫产品和品牌。组织多家媒体采访、宣传报道，推介第一书记代言产品。请第一书记通过自媒体进行宣传推介，并组织产品展销会集中展示代言活动成果。择优确定市场化运营团队，打造“线下＋线上”销售平台，推动第一书记代言产品多渠道销售。全省第一书记代言产品累计销售额突破3.3亿元。

# 吉林千名第一书记代言<br>奏响党建引航脱贫攻坚新乐章

第一书记上接“天线”、下接“地气”，是脱贫攻坚一线的骨干队伍。通过第一书记代言销售本地特色农产品，既能为他们搭建发挥作用的平台，又能增加贫困村集体经济收入和帮助贫困群众脱贫。2018年以来，中共吉林省委组织部组织三处着眼充分发挥第一书记关键作用，破解贫困村有资源没产业、有产业没产品、有产品没品牌等问题，在全省组织开展了第一书记代言活动，大力推进党建扶贫、消费扶贫、宣传扶贫、新闻媒体扶贫、电商扶贫与产业扶贫深度融合，引起社会各界广泛关注，取得良好政治效应、经济效应、社会效应和示范效应，为吉林省打好打赢脱贫攻坚战注入强劲动力。

## 整合各方力量　形成强大合力　打造贫困村扶贫产品品牌

开展第一书记代言活动，既要组织第一书记积极参与，又要谋划产业、生产产品、打造品牌、开拓市场。因此，组织部门不能“单打独斗”，必须联合各方面力量统筹推进。吉林省委组织部会同省委宣传部、省商务厅联合印发第一书记代言工作方案，建立了定期会商机制，明确了各自的职责任务。省委组织部主要负责代言活动的总体设计、统筹协调、推动落实等工作，省委宣传部负责活动的整体策划和宣传报道，省商务厅负责对接电商企业、组织开展省内外促销行动。在组织系统、宣传系统、商务系统的强力推动下，在农业农村、扶贫等相关部门的大力支持下，全省上下形成了推进第一书记代

/ 中共吉林省委组织部组织三处工作人员在研究第一书记代言工作

言活动的强大合力。

省市县乡四级联动，多措并举助推第一书记开发产品、打造品牌、开拓市场。省委组织部举办示范培训班，指导市县举办专题培训 462 期，为第一书记精选代言项目、设计代言途径，着力延伸产业链条、创建优质品牌。分级建立第一书记代言产品资料库，定期调度、及时更新。县乡党委直接指导、直接推动，帮助第一书记发展产业、深挖产品、注册品牌、开拓市场。各级组织部门协调扶贫、市场监督管理、农业农村、粮食、畜牧等部门，对第一书记代言的农特产品质量安全检测、品牌商标注册认证等相关工作予以支持。活动开展以来，先后打造了“黄松甸木耳”“长白山下老农夫”“虹伊菇茑”等一系列省内外知名扶贫产品和品牌。

## 广泛宣传推介　注重平台建设　拓宽代言产品销售渠道

加大官方媒体宣传推介力度，在吉林电视台、《吉林日报》、《城市晚报》等媒体统一开设专栏，进行集中宣传，已有 43 名第一书记通过省级媒体讲述他们的扶贫故事、推介代言产品。省内外多家网络媒体组织深入采访，积极宣传报道。中国吉林网首页开设专题，推介第一书记代言产品；中国新闻网、光明网、凤凰网、搜狐网、新浪网、网易等几十家媒体进行了大量宣传报道。组织第一书记通过微博、微信朋友圈等自媒体进行宣传推介，呈现出多点开花、竞相绽放的良好态势。通过广泛的宣传推介，吉林省第一书记代言产品的知名度和影响力进一步扩大，代言活动逐渐成为吉林党建的特色品牌。

2018 年以来，省市两级共举办 13 场省内外展示展销会。长春、白城等地利用节假日组织开展第一书记代言产品大集活动，松原市借助东西部扶贫协作契机组织第一书记赴浙江开展“第一书记代言贫困村农产品进舟山”活动，吉林市举办的“扶贫代言行”活动成功入选全国网络扶贫创新优秀案例。2019 年 1 月 11 日至 13 日，吉林省委组织部会同省委宣传部、省扶贫办、省商务厅、团省委等多家单位在长春欧亚卖场举办了党建引航脱贫攻坚暨第一书记代言展示会，百名第一书记代表携贫困村千余款优质农产品参展，展示会期间现场客流量超 35 万人次，线上客流量达 1 100 万人次，总销售额 1 424 万元；全网关于展示会报道 461 条，《人民日报》、中央广播电视总台对参展第一书记和吉林优质农产品进行深入采访，人民网、《中国日报》、《经济日报》、《工人日报》等媒体陆续推送了大量报道，在省内外引起强烈反响。

/ 2019 年 1 月 11 日至 13 日，在长春欧亚卖场举办党建引航脱贫攻坚暨第一书记代言展示会

/ 党建引航脱贫攻坚暨第一书记代言展示会现场火爆

择优确定市场化运营团队，积极打造“线下＋线上”销售平台，推动第一书记代言产品多渠道销售。线下，省内各大型商业超市陆续引进第一书记代言产品，各级机关和企事业单位纷纷订购，省内外多家企业组织采购，多个县市开办了第一书记代言产品销售实体店并组织开展代言产品进社区促销活动。线上，积极与京东、淘宝等主流电商平台进行深度合作，支持第一书记开设网上商城，同时组织第一书记通过微商等自媒体进行销售。全省第一书记代言产品累计销售额突破 3.3 亿元。2019 年，吉林省委组织部联合吉林日报社筹建占地面积 4 000 平方米的第一书记代言产品旗舰店，将集中展示和销售全省第一书记代言产品，并以此为开端，在社区开设若干连锁店。

## 加强党建工作　促进产业发展　努力增加村集体和群众收入

第一书记的身份就像一张张红色闪亮的名片，富含信任度和美誉度。代言活动就是一个联结点，既联结着买方与卖方、产品与市场、农村与城市，更联结着党建与脱贫、党心与民心、当前与未来。开展第一书记代言活动，组织部门牵头把方向，社会各方力量积极参与支持，各方面资源实现了优化配置，使党建工作充满了活力，不仅接了地

/ 中共吉林省委组织部组织三处全体工作人员在党建引航脱贫攻坚暨第一书记代言展示会现场

气，还充分发挥了党的集中统一领导作用。可以说，第一书记代言活动，举的是党建的旗，干的是发展的事，谋的是振兴的路，顺应了脱贫攻坚的工作要求，满足了农民群众的热切期盼。

开展代言活动既是一项挑战，又是提高第一书记自身能力素质的重要契机。开发代言产品的过程，就是深入了解本地情况的过程；宣传推介产品的过程，就是提升沟通协调能力的过程；拓展市场销路的过程，就是塑造攻坚破难作风的过程；致力增收致富的过程，就是赢得民心树立口碑的过程。在这些过程中，第一书记们能够丰富阅历、增长本领、锤炼作风、实现价值。全省有 445 名第一书记因驻村业绩过硬、代言活动表现突出得到提拔，有 422 名第一书记受到表彰。

第一书记代言的是产品，背后连接的是产业，直接推动了农业产业转型升级和农特产品与市场的对接。全省第一书记代言的 1 946 个产品（项目），背后就是 1 946 个产业项目。坐落于长白山脚下的靖宇县，盛产多种原生态绿色产品，但受到产品包装、销售渠道等问题制约，一直没有做大做强。靖宇县大北山村第一书记高世龙在代言活动中，整合全县 50 余种特色产品，打造了扶贫品牌，累计实现销售额 5 200 万元。洮南

/ 中共吉林省委组织部组织三处工作人员在农村调研指导第一书记代言活动

市二龙乡二龙村有水稻种植和肉马养殖基础，但价格及销路都没有保障。村干部和第一书记反复研究、积极协调各方面力量，开发了以优质水稻种植、生态养殖为主的“农牧小区”项目，产品品质得到了显著提升，大米和马肉的价格随之上涨，仅 3 个月时间，代言销售额就达到了 28 万元，农户从中获益 9 万余元。

代言活动广泛引导和吸引广大农民群众积极参与、共同经营，形成贫困群众脱贫与村集体收入增加高度统一的利益共同体。吉林省汪清县是国家级贫困县，2015 年底有贫困村 74 个，当时大部分村都没有产业项目，集体经济较为薄弱。在代言活动的引领下，全县形成特色产业 34 个，实现订单 7 041 笔，直接推动 2018 年全县村集体经济总收入突破 2 000 万元大关，同比增长 38%。80 后女第一书记曾丽圆到蛟河市青背村任职后，采取“村集体 + 贫困户 + 种植大户”的合作经营模式生产优质木耳，当年生产的 5 400 斤秋木耳通过代言活动销售一空，而且还接到了很多订单，村集体纯收入达到 8.5 万元，仅这一项就使贫困户户均增收 1 600 余元。据统计，通过代言活动全省贫困村集体经济收入增加 1 910 万元，带动 3.4 万贫困户户均增收近 2 000 元。

（照片提供：中共吉林省委组织部组织三处）

**黑龙江日报报业集团全媒体经济新闻中心** 2017年8月，黑龙江日报报业集团全媒体经济新闻中心在全国媒体中率先成立集报道和公益活动于一体的脱贫攻坚专题报道组。派出青年骨干记者深入脱贫攻坚第一线，讲好龙江脱贫故事。截至2019年6月，形成采访笔记上百万字，拍摄图片10万多张、视频1 000多个，刊发稿件600多篇，专题报道组足迹遍布全省28个贫困县近800个村屯。吸引全省300名中青年中医专家加入团队，计划用两年时间免费为10万名贫困群众义诊。利用媒体资源优势搭建扶贫信息交流平台，先后为10多个贫困村联系扶贫产业，帮助多个贫困村销售绿色农产品。创新党建形式，组建车轮上的流动党支部，在扶贫基层一线竖起一面流动的党旗。

# 用脚步丈量脱贫路

“我们要立下愚公移山志，咬定目标、苦干实干，坚决打赢脱贫攻坚战，确保到2020年所有贫困地区和贫困人口一道迈入全面小康社会。”这是党中央带领全国人民奔小康的庄严承诺。

/ 脱贫攻坚专题报道组荣获2018“感动龙江”人物（群体）提名奖

黑龙江省有28个贫困县、1 778个贫困村，其中深度贫困县3个、深度贫困村107个，脱贫攻坚责任大、时间紧、任务重。面对新形势、新要求，在脱贫攻坚战役中，省级党报应该扮演什么角色？发挥什么作用？交出什么样的答卷？

2017年8月，黑龙江日报报业集团在全国媒体中率先行动，集团全媒体经济新闻中心选派青年骨干记者组建脱贫攻坚专题报道组，计划用3年时间遍访黑龙江所有贫困县和贫困

/《黑龙江日报》脱贫攻坚专题报道组出发仪式

村，记录脱贫攻坚波澜壮阔的历史画卷，以文字、图片、视频、H5 等多种形式，为打赢脱贫攻坚战造势助力，把贫困群众的获得感和幸福感真切地反映出来。

## 创报道规模、深度和影响之最

黑龙江日报报业集团着眼全省脱贫攻坚工作大局，深入贯彻落实中央和省委省政府的重要部署，以敏锐的新闻视角、前瞻性的组织策划，坚持“三贴近”，践行“走转改”，发挥了主流媒体的引领导向作用。从 2017 年 8 月开始，专题报道组奔向脱贫攻坚第一线，用脚步丈量脱贫路。从出发至 2019 年 6 月，专题报道组足迹遍布全省 28 个贫困县近 800 个村屯，行程 20 万公里。

《黑龙江日报》在头版开设了《学习宣传贯彻十九大精神——来自扶贫基层一线的报道》专栏，每周刊出一期《决不让一个贫困群众掉队》扶贫专版。截至 2019 年 3 月末，已出版 74 期。专题报道组记者深入田间地头和贫困群众家中，坐热炕头，采写沾泥土、带露珠、冒热气的脱贫攻坚故事。后方由报业集团领导亲自坐镇指挥，组建 20 余人的精干编辑团队，细心组织筹划。在《决不让一个贫困群众掉队》扶贫专版开设

/ 脱贫攻坚专题报道组记者在农家热炕头采访

《记者在现场》《记者望远镜》《脱贫攻坚 · 县委书记访谈》《图说扶贫》《扶贫跟访日记》《再采访话变化》《聚焦深度贫困》等多个专栏，每一版都配有习近平总书记关于扶贫工作的重要论述，同时配发全省脱贫攻坚作战图。扶贫专版的报道在客户端、微信公众号等新媒体同时呈现。

在元旦、春节、中秋节、国庆节等节假日期间，都有专题报道组的记者在贫困村度过。他们深入田间地头、农家炕头、建设工地、牛圈猪舍……，对话 28 位贫困县县委书记，追踪 1 778 支驻村扶贫工作队、5 400 多名驻村干部的身影，整理出上百万字的采访笔记，拍摄图片 10 万多张、视频 1 000 多个，刊发稿件 600 多篇，报道规模、深度和影响堪称全国省级党报之最。

报道内容涵盖“两不愁三保障”、产业扶贫、医疗扶贫、教育扶贫、扶贫与扶志扶智相结合、自力更生、全省优秀驻村干部等多层次、全方位的典型案例，报道的多位驻村干部和个人获得省级及国家级嘉奖。

“脱贫攻坚专题报道组遍访 28 个贫困县”系列报道，荣获 2017 年度黑龙江省十大优秀新闻报道、黑龙江省新闻奖一等奖。报道先后获得省委宣传部新闻阅评表扬两次、中宣部新闻阅评表扬一次。专题报道组荣获 2018“感动龙江”人物（群体）提名奖。

/ 田间地头是脱贫攻坚专题报道组记者的主战场

2018 年 10 月，全媒体经济新闻中心专题报道组组长董新英以《用脚步丈量脱贫路》为题参加中宣部、中央网信办、国家广播电视总局、中国记协主办的第五届“好记者讲好故事”活动，在几百名选手中脱颖而出，晋级 36 强，获得“优胜选手”称号，并在中央电视台 2018 中国记者节特别节目中亮相。

据统计，黑龙江日报报业集团为脱贫攻坚专题报道组投入报纸版面、人力、物力等折合超过 1 000 万元。下一步将继续加大人力物力投入，后期还将出版系列丛书、举办摄影展等一系列活动，为打赢脱贫攻坚战留下珍贵印记。

## 为贫困村和贫困群众倾情倾力

全媒体经济新闻中心脱贫攻坚专题报道组积极协调优质资源、发动社会力量，倾情倾力为贫困村搭建产业热线和交流平台。通过调研式采访，为贫困村推荐扶贫产业，提供可借鉴和可复制的经验。专题报道组的记者和驻村干部交朋友，和贫困户做微友，先后与 800 多支驻村扶贫工作队对接，搭建起扶贫信息平台。积极帮助 10 多个贫困村联系扶贫产业。深入哈洽会、首届中国粮食交易大会等大型展会进行现场报道，重点推介贫困村扶贫产品，让贫困群众开阔眼界，转变观念，增强市场意识和品牌意识。借助媒介推销特色农产品，为贫困村农副产品走出乡村、走向大市场提供宣传渠道支持。

/ 脱贫攻坚专题报道组记者与农民一起喜迎丰收节

2018 年，黑龙江日报报业集团携手省卫生健康委、省中医药管理局、黑龙江中医药大学，启动“中医护佑基层贫困人群”健康扶贫大型公益活动。黑龙江日报报业集团联合黑龙江省中青年中医专家团队和省中医药学会青年委员会发起组建健康扶贫公益团队，组成阵容强大的全媒体脱贫攻坚健康扶贫报道团队。全省 300 名中青年中医专家与脱贫攻坚专题报道组一道，下基层、走田间、坐炕头，既感受脱贫攻坚的动人故事，又为贫困人群免费进行义诊、救治。计划通过公益义诊活动建立全省基层贫困人口中医保障网络，通过现场义诊、远程问诊、免费救治等方式，让贫困人群随时得到中医服务。计划用两年时间免费服务 10 万贫困群众。

## 让党旗在扶贫一线高高飘扬

在扶贫基层一线，脱贫攻坚专题报道组设立了一个由 3 名党员组成的流动党支部：85 后支部书记董新英、80 后党员李超、85 后党员刘心杨。

四季更替，寒来暑往，采访车的里程表增加了 20 万公里。在颠簸的车厢内，在滚滚的车轮上，在贫困村村部和贫困群众家中，流动党支部开展了多项创新形式的党建活动，3 名党员写下了数万字的学习笔记。他们与村里的党员一起收看党的十九大直播实况，与驻村扶贫工作队党支部一起参加学习讨论，与基层党员干部一起重温入党誓词。

他们走到哪里，就把组织生活过到哪里，思想觉悟和政治素质在火热的扶贫一线得到锻炼、洗礼和提高。

脱贫攻坚专题报道组坚持学习在基层、收获在基层，深耕扶贫一线。在这场脱贫攻坚战役中，坚持正确的舆论导向和新闻志向，以饱满的工作热情和昂扬的精神面貌向社会传播正能量。行走在广袤的龙江大地上，脚踏在肥沃的黑土地上，用双脚去探索、用时间去打磨、用真心去感悟，积极践行党员职责和使命，让党旗在龙江扶贫一线高高飘扬。练就脚力、历练眼力、锤炼脑力、磨砺笔力，用手中的笔，续写脱贫攻坚一线的故事。做到心中有梦想、肩上有责任、脚下有力量，以不获全胜决不收兵的决心，走向2020年！

（照片拍摄：刘心杨）

**中国太平洋财产保险股份有限公司** 在脱贫攻坚决战决胜的关键阶段，针对非贫低收入户和非高标准脱贫户，聚焦因病、因灾、因学三大致贫、返贫因素，于2017年推出全国首款商业防贫保险。截至2019年7月，已为全国13个省（区、市）近百个区县的4 000余万临贫、易贫人口提供防贫托底保障，累计赔付7 917人，赔付金额3 970万元。“防贫保”坚持“未贫先防”和“扶防结合”的原则，通过政保联办探索建立起“群体参保、基金管理、社会经办、阳光操作”的保险防贫模式，为保险企业发挥主业优势、参与社会管理、节约政府开支、促进相对公平、提升服务效能积累了有益经验，也为建立防止返贫长效机制探索了一条路径。

# 未贫先防　扶防结合<br>探索建立商业保险“脱贫不返贫”长效机制

中国太平洋财产保险股份有限公司（简称中国太保产险）认真贯彻国家精准扶贫政策要求，积极发挥保险主业优势，于2017年推出全国首款商业防贫保险，为临贫、易贫人群提供防贫托底保障，有效解决了因病、因灾、因学造成的边脱边返、边扶边增的“沙漏式”扶贫难题。

“防贫保”已在河北、湖北、云南、青海等13个省（区、市）近百个区县推广落地，承保临贫、易贫人群4 000余万人，累计赔付7 917人，赔付金额3 970万元，其显著成效得到有关地方政府和受助群众的高度认可。“防贫保”的商业保险创新模式为保险业运用市场化手段开展精准扶贫积累了经验，彰显了行业社会责任，为国家制定2020年之后“脱贫不返贫”相关政策、助力解决相对贫困问题提供了重要思路，更让贫困群众感受到了保险的“温度”。

## 精准对接，在业内首创防贫保险，助力建立稳定脱贫长效机制

随着脱贫攻坚战役进入决胜阶段，在脱贫工作中面临的边脱边返、边扶边增问题日益引发关注。针对这一问题，中国太保产险从金融保险服务全国扶贫工作的高度出发，充分利用自身人才、技术和资源优势，始终坚持精准扶贫精准脱贫基本方略，在业内首创防贫保险。

/ 2019 年 8 月 23 日，中国太保产险有关领导参加结对帮扶的内蒙古察右中旗“防贫保”预警监控平台上线活动

一是全面摸底，精准调研，为在全国范围内精准施策提供依据。中国太保产险发动全国近 40 家机构，聚焦贫困地区进行深入广泛调研，发现各地普遍存在 8% 以上的脱贫户返贫问题和超过 10% 的新增贫困问题，导致脱贫成效难以得到巩固。这就需要在过去以建档立卡户为对象的定人定向帮扶脱贫机制外，建立新的防贫保障机制，实现长效脱贫。

二是未贫先防，扶防结合，探索建立商业保险“脱贫不返贫”长效机制。针对脱贫攻坚新课题，中国太保产险提出要将精准防贫提升到与精准识别、精准帮扶、精准退出同等重要的位置，迅速成立从总到分四级机构专业人员组成的专项团队，立足“未贫先防”和“扶防结合”要求，进行保险服务扶贫的机制与模式创新。具体做法是：以上年度国家贫困线标准的 1.5 倍为基准，针对因病、因灾、因学致贫、返贫分类设置防贫保障线和救助标准。当受助群体因以上三种原因导致家庭人均可支配收入低于防贫保障线时，保险公司按程序对受助群体情况进行核查，确定自付费用，对损失或费用超过救助标准的，超出部分分段按比例实施医疗、灾害、教育特别救助。“防贫保”使受助群体的实际经济状况再次回升至防贫保障线以上，真正解决了临贫、易贫人群因个人抗风险能力薄弱而导致的致贫、返贫问题。

三是一县一策，全面推广，“防贫保”成为金融脱贫攻坚主力军。中国太保产险坚

/ 2019 年 8 月 30 日，中国太保产险向“防贫保”推广示范县甘肃省渭源县捐赠防贫保险签约仪式

持以实地调研为基础，与各地市县扶贫部门通力合作，通过对历史数据及临贫、易贫人群面临的突出矛盾进行分析，坚持一县一策、量身定制，每一个县的承保方案均可覆盖 90% 以上的致贫风险，同时又可避免过高标准、过度保障，以保证财政资金使用效率的最大化。“防贫保”为全国各地全面打赢脱贫攻坚战提出了有效的解决方案，成效显著。2018 年 12 月 31 日中央电视台《焦点访谈》对“防贫保”项目进行了报道，充分肯定其在精准防贫方面所发挥的重要作用。

## 因需施策，量身定制，探索建立托底保障

“防贫保”项目为控制贫困增量提供了覆盖因病、因灾、因学三大主要原因的防贫托底保障。项目满足政府需求，由保险公司提供经办服务，形成了“群体参保、基金管理、社会经办、阳光操作”的创新模式。

群体参保，即针对返贫、骤贫对象难以事先框定的情况，“防贫保”不事先识别对象，使被保险人由“某个人”转为“一类人”，实现了保险险种由“定人定量”到“群体共享”的突破性转变。

基金管理，即政府和保险公司各司其职，采用基金管理方式运作项目。政府出资并制定防贫补助政策，保险公司根据政府需求制定保险方案，提供理赔服务。

/ 2018 年 1 月，“防贫保”项目团队工作人员在河北省魏县开展入户核查工作

社会经办，即项目不以营利为目的，保险公司只留取保费收入很小一部分作为必要的开支成本。在保险期限结束后，保费不清零，扣除赔款及运营费用后如有结余，则结余资金全部返还给政府或顺延为下一年度保费；如运营中出现资金不足情况，则由政府及时注资补足，有效保证了政府对资金的运营管理。

阳光操作，即建立标准化操作流程，通过“四看一算一核一评议”模式提高了现场核查准确性。四看，即看住房、看大件、看劳动力、看负担；一算，即算收入；一核，即核实名下房产及车辆情况；一评议，即在村、镇两级进行公示和评议，通过公示规避了资金被截留、错误发放等风险，实现了扶贫款项的专款专用和精准发放，增强了群众的获得感。

## 聚力防贫，各展所长，四大创新凸显优势

“防贫保”将商业保险机制引入政府扶贫防贫工作中，通过政府出资、市场化运作的方式，充分发挥保险保障作用，助力政府公开透明、持续有序地开展精准防贫工作，发挥了金融扶贫的引领作用。以商业保险方式开展防贫工作，具有以下优势：

一是产品创新。区别于已有扶贫保险以建档立卡贫困户为保障对象，“防贫保”聚焦处于贫困边缘的非贫低收入户（农村低收入户）和非高标准脱贫户（人均收入不高不稳的脱贫户）两类临贫、易贫人群。按照政府设定的因病、因灾、因学防贫预警线进行实时监测、框定，力求手续简便、应保尽保，并根据不同原因的分级赔付方案，使群众及时按标准获得赔付。

二是机制创新。节省政府成本，提高工作效率。基层政府部门在编人员少，难以满足短时间内大量入户调查的需要。中国太保产险借助其强大的人力资源与网络技术提供第三方专业服务，在较短时间内即可完成工作量庞大的入户调查任务，并可有效整合当地民政、人社、教育等政府部门资源形成网格状监测平台，打通各个信息孤岛，按照既定保险方案规范透明地开展各项工作，扮演好风险承担者和服务提供者的角色，运用市场化手段高效助力社会管理。“防贫保”项目运作以来，各地政府部门的常态化抽检结

果显示，无一例错漏、投诉发生。

三是管理创新。消除因“悬崖效应”导致的社会矛盾，提升扶贫工作口碑。过去，部分地区存在“卡内户”享受众多扶贫政策甚至产生过度帮扶依赖而“卡外户”则被边缘化的实际情况，致使在群众中产生了新的矛盾和不公平。“防贫保”的出现，为“卡外边缘户”提供了扶持和帮助，缩小、淡化了“贫”与“临贫”的差距，在一定程度上降低了“悬崖效应”。

四是服务创新。“防贫保”在理赔实践中独创的“四看一算一核一评议”规范化服务模式，最大限度地保证了款项发放的公平、公正、公开。

## 推广成效显著，为制定“脱贫不返贫”政策提供思路

“防贫保”的出台不仅是中国太保产险注重听取各方意见、精准了解政府与百姓需求、拿出绣花功夫把扶贫工作做细做好的有效举措，更是全面贯彻习近平总书记“防止返贫和继续攻坚同样重要”指示精神的创新成果。

“防贫保”落地成效显著，辐射效应备受关注，所承保地区未出现一例新增返贫、骤贫对象。如河北省魏县大寨村村民王章喜夫妇 2014 年成功脱贫，但年收入仅 6 000 余元，属于非高标准脱贫户。2018 年初，王章喜的爱人因病住院，需自付医药费 1.3 万元，老两口面临着返贫困境。幸运的是，经过中国太保产险理赔人员的核查，王章喜一家的情况符合“防贫保”理赔标准，6 000 余元的理赔款帮助他们渡过了难关。在

/ 2019 年 8 月，中国太保产险湖北分公司“防贫保”理赔团队集中开展理赔材料核验工作

/ 2019 年 3 月，中国太保产险江西定南支公司理赔员向身患重疾的历市镇太阳村村民家人送上防贫保险金

一次“防贫保”项目现场调研中，一名受助群众深有感触地表示：“我全程参与了理赔流程，明白了政策是谁定、资金由谁出、理赔谁落实，所以打心眼里感激党、政府和保险公司。”鉴于“防贫保”在精准防贫方面所发挥的重要作用，中国浦东干部学院全国贫困县党政正职研修班专题设置了“防贫保”经验分享课程。

聚焦防止脱贫后返贫的新课题，“防贫保”作为稳定脱贫长效机制，前景广阔，意义深远。

2020 年之后，我国扶贫工作的重点将从消除绝对贫困转移到消除相对贫困上来。在脱贫攻坚啃下最后的硬骨头的征程上，中国太保产险深刻认识到，要做好长久的扶贫工作，切实防止贫困户返贫现象的发生，就必须在建立长效机制、防止已脱贫群众“复贫”上下功夫，就必须把解决返贫问题摆到脱贫攻坚工作的突出位置，做到扶贫、脱贫稳扎稳打，才不会让脱贫“阵地”重新丢失。“防贫保”项目不仅是立足当前、切实解决脱贫攻坚突出问题的有效举措，更是着眼长远、建立稳定脱贫长效机制的有益实践。“防贫保”不但不会因为脱贫攻坚任务的完成而结束，其意义和作用还将日益凸显，在未来成为支撑全面防贫的重要手段，为国家制定“脱贫不返贫”政策提供思路和解决方案。

中国太保产险作为一家负责任的保险公司，将更加积极主动地作为，在既定产品模式基础上，根据全国各地防贫需求，定制更多的菜单式产品。在各地政府的支持下，形成组织策划、项目落地、流程优化、效果评估等方面可复制的经验，并配备人力、物力做好保险服务，积极推动“防贫保”项目在全国的落地扩面，形成示范效应，为打赢打好脱贫攻坚战、助力形成“脱贫不返贫”长效机制而继续努力。

（照片提供：中国太平洋财产保险股份有限公司）

**江苏省盐城市滨海县** 认真落实习近平总书记关于扶贫工作的重要论述，全力推进精准扶贫、精准脱贫。截至2018年底，累计脱贫率达84.1%，贫困发生率从2016年初的11.8%降至1.8%，20个省定、91个市定经济薄弱村全部达标。创新帮扶体系，建立完善以产业扶贫为主导，就业、医保、教育、安居、资产收益、社会扶贫为支撑，政府托底扶贫为保障的“1+6+1”立体帮扶体系，着力构建“四化四抓”党建扶贫体系；创新帮扶模式，建立“双产叠加”强村模式；创新工作机制，围绕精准导向，实施扶贫信息集中比对，坚持“三个提升”，制定“三张清单”，健全“制度化＋信息化＋公开化”的阳光监管体系，走出了一条具有滨海特色的精准扶贫、精准脱贫之路。

# 众志成城决战攻坚　砥砺奋进圆梦小康

滨海县位于江苏省东北部，东临黄海，因黄河改道泥沙淤积成陆，县域总面积1 949平方公里，总人口123万人。2016年初，全县新一轮建档立卡低收入农户总户数为41 997户107 434人，是江苏省12个重点帮扶县之一。近年来，滨海县深入贯彻落实习近平新时代中国特色社会主义思想，特别是习近平总书记关于扶贫工作的重要论述，紧扣“两不愁三保障”和“一个不少、一户不落”目标要求，构建以产业扶贫为主导，就业、医保、教育、安居、资产收益、社会扶贫为支撑，政府托底扶贫为保障的“1+6+1”立体帮扶体系。制定“三张清单”，突出产业富民，探索“双产叠加”强村模式，着力推动“四化四抓”促脱贫攻坚落地落实。截至2018年底，累计脱贫3.57万户8.78万人，累计脱贫率达84.1%，贫困发生率从2016年初的11.8%降至1.8%。20个省定、91个市定经济薄弱村全部达标。滨海县走出了一条具有自身特色的精准扶贫、精准脱贫之路。

## 坚持精准导向，“三张清单”强推进

滨海县始终坚持“三个提升”，抓牢精准识贫、精准扶贫和精准脱贫三个环节。一是提升精准识别率。围绕对象零遗漏、信息零差错、工作零违规的“三零”目标，建立县级数据集中比对机制，在“去伪存真”做“减法”的同时，对因病、因灾和动态收支情况进行定期比对，及时预警返贫对象，做好“加法”，切实做到“应进则进、该退则

/ 滨海县召开打赢精准脱贫攻坚战誓师动员大会

退”。二是提升精准退出率。以“两不愁三保障”为标准，从家庭收入、生产条件、健康状况、劳动力状况、家庭支出五个方面设计 60 个指标进行综合评判，生成“贫困指数”，分为轻度、中度、重度、极重四个等级，推进分类施策、精准施策，确保脱贫不错一人。三是提升群众满意率。围绕扶贫政策落实、村组干部工作、结对帮扶成效三个方面是否满意，开展电话询访、巡查走访、随机暗访，发现情况及时向镇（区、街道）和相关部门反馈，督促迅速整改。据统计，群众测评满意度月平均达 95% 以上。

在组织推进方面，滨海县围绕建档立卡低收入农户序时脱贫、经济薄弱村实时达标，制定“三张清单”，压实帮扶责任，提升精准帮扶质效。一是制定任务清单。将产业就业帮扶，健康、教育和住房“三保障”，政策兜底等目标任务逐一细化，分解到各镇（区、街道）和县相关行业单位，确保任务清、方向明。二是制定责任清单。建立健全县、镇、村扶贫作战指挥体系，明确三级书记主抓责任、行业部门工作推进责任、基层组织工作落实责任和党员干部结对帮扶责任。三是制定序时清单。对动态调整、措施落实等重点工作，形成月度序时清单，挂图作战、对标对表。同时，整合县委督查办、县纪委和扶贫部门力量，按照“基层减负”的要求，开展归口综合督查，制定“工作提醒单”“风险提醒单”“进度提醒单”，确保问题及时解决、措施及时落实、任务及时完成。

## 坚持富民强村，“立体帮扶”促成效

聚焦低收入农户和经济薄弱村，按照“1+6+1”立体帮扶体系，因地因人制宜，实行一户一策一措施、一村一案一规划。

一是主攻产业富民。滨海县按照“区域发展、突出特色、多种经营、长短结合”的思路，狠抓富民产业。筑牢产业根基，实施现代农业“5510”工程，建设蔬菜、林果、瓜蒌、白首乌、蛋白桑 5 个农业科研院所工作站，推广渔稻共作、稻虾共作等绿色立体循环种养模式，建成水稻复合种养示范基地 2 万亩，全县调增特色经济作物 14 万亩。培植特色产业，推动渠南优质稻米片区、渠北设施农业片区、沿海盐土农业片区区域发展，新增设施农业 2.16 万亩。利用白首乌、大套蜜梨等地理标志特色产品，鼓励和引导党组织、村干部、党员能人创办联办专业合作社 48 个，发展林果、稻田复合种养等特色基地项目 176 个，白首乌等 10 个万亩农业特色基地初具规模，带动近 1 500 户低收入农户增收脱贫。注重联农带农，在扶贫项目实施过程中，滨海县牢牢把握富民、生态、科技、市场 4 个导向，重点发展畜禽养殖、林果经济、“四青”蔬菜等 5 大扶贫产业，精准帮扶累计 3.28 万个到户项目。扶持海大、温氏等 26 家龙头企业，在镇、村发展 72 个“扶贫车间”“田头工厂”，推动就业意愿、就业技能与就业岗位精准对接，带动低收入农户 1 950 人务工。在有条件的特色基地设立 5 个“田间学堂”，对低收入农户免费进行种植养殖技能培训。强化政策扶持，为解决到户产业项目资金短缺的问题，年推动发放扶贫小额贷款 1 亿元以上，惠及 4 500 户低收入农户。

二是聚力项目强村。滨海县探索建立“特色产业 + 扶贫资产”双产叠加的强村模式，注重帮扶资金和财政投入的整合，突出实施载体和村级集体的融合，坚持静态资产与动态产业聚合，把握长效带动和资产收益的结合。县财政整合资金 3.3 亿元，注资

/ 滨海县陈涛镇友联村村民集中学习自力更生脱贫典型

/ 滨海县八巨镇低收入农户自主创业种植黑木耳，户均增收 1 万元以上

/ 2019 年新春，滨海县举办“筑梦桑梓”返乡就业创业招聘推介会

226 个村，建立种植养殖和林果业专业合作社 879 个，发展草莓、稻虾、林果、白首乌等特色种植养殖增收扶贫项目 172 个，拓宽村集体经营性收入的增收渠道，增强村级经济“造血”功能。

三是抓实关键举措。推进就业扶贫，每年推动发展创业项目 3 300 多个，提供就业岗位 1.5 万个，仅 2018 年就为 1 298 名低收入群众提供了公益性岗位。开展“筑梦桑梓”返乡就业创业、扶贫“职”通车等活动，低收入劳动力 13 957 人入企务工。推进健康扶贫，构建低收入农户免费参合等“三免四补两简一提高”和“健身、防病、治病、康养”一体化全民健康体系。投资 25.3 亿元，县人民

/ 随耕国家级新型职业农民培训基地

医院、县妇保院和县第三人民医院整体迁建，与省人民医院、上海华山医院等医院建成名医工作站（室）38 个，实施全民免费健康体检，倡导健康生活方式，让群众少生病、不生病，有地方看病、看得起病、看得好病，防止因病致贫、因病返贫。推进教育扶贫，健全“五级贯通、四扶一体、三好目标”教育帮扶体系，对从幼儿园到大学的 12 926 名贫困学生开展扶资、扶智、扶志、扶技“四扶一体”全过程、立体式的教育帮扶；组织 425 名教师与 2 522 名贫困学生开展“大手拉小手”活动，不让一个学生因贫困而失学，并努力实现贫困学生思想品德好、学业成绩好、就业趋向好，实现一人就业、全家脱贫，从根本上解决贫困代际传递问题。推进安居扶贫，建立“4321”安居扶贫模式，组织对疑似危房开展全面排查鉴定，通过村级摸排、镇级审核、县级鉴定“三道”关口，明确责任主体，明确时间节点，建立一本危房改造台账，实行销号管理。在完成 480 户低收入农户危旧房改造基础上，将 712 户农户迁入集中居住示范点，改善住房条件。推进社会扶贫，纵深推进“十百千万”社会扶贫工程，县级 136 名骨干医生结对 1 143 户病困家庭，8 个县外商会和县内创业有成人士结对 1 015 户特困家庭，1.3 万名党员干部按“1+3”模式结对 4.2 万户低收入农户。推进保障扶贫，聚焦农村留守老人、留守儿童、留守妇女、残疾人等特殊贫困群体，统筹低保、五保、残疾补贴、社会救助等综合保障措施，建立特殊贫困群体稳定脱贫的长效机制。

## 坚持党建引领，脱贫攻坚奔小康

滨海县牢固树立扶贫一线筑堡垒、党建引领奔小康的工作理念，坚持党建与促脱贫、奔小康统筹推进，着力构建“四化四抓”党建扶贫体系，推动“党建 + 扶贫”深度融合，形成了组织强、产业兴、百姓富的良好发展局面。

一是坚持规范化抓队伍铸先锋，壮大脱贫攻坚“雁阵”。滨海县注重在脱贫攻坚一线培养锻炼干部，从机关选拔 30 名年轻干部充实到镇（区、街道）级班子，先后提拔重用扶贫实绩突出的干部 11 名。滨海县把村支书队伍建设摆在突出位置，坚持把村支书队伍打造成脱贫攻坚一线战斗员。选拔 9 名村支书进入镇级班子，定向招录 39 名村干部进入公务员队伍和事业单位。村支书干事创业的激情明显提升，群众满意度明显提高。

二是坚持系统化抓基层打基础，筑牢脱贫攻坚堡垒。滨海县以增强政治功能和提升组织力为核心，出台基层组织建设“1+5”制度文件，通过强阵地建设、队伍管理、工作运行、为民服务“四强”抓手，将战斗堡垒作用发挥在脱贫攻坚最前沿。构建全链条责任体系，把抓党建促脱贫作为书记项目，压紧压实县镇村三级责任。每年按照 10% 的比例循环整顿 28 个“双弱村”。坚持治“软”、增收、化债一体推进，累计化解债务 1.51 亿元。

三是坚持常态化抓作风带民风，激发脱贫攻坚动力。滨海县坚持党风、政风、民风统筹推进，作风建设、制度建设同向发力，坚持激发内生动力与提升技能相结合，营造氛围与扶贫扶志一起抓，实施文明新风“十大行动”，表彰脱贫致富模范 48 人、帮富领富先锋 95 人。扎实推进“正风肃纪 360”系列活动，持续深化扶贫领域腐败和作风问题专项治理。推行农村基层管理非现金结算、村会计异村任职等四项制度，从根本上遏制不正之风，扶贫领域信访量大幅下降。

四是坚持一体化抓惠民促发展，聚合脱贫攻坚要素。滨海县重点对渠北片区进行帮扶，立足打造“精准扶贫先行板块、精准脱贫示范板块”的定位，聘请专业机构编制了完整的规划体系。与此同时，利用片区整体帮扶的政策优势，投入 1.5 亿元，实施美丽乡村建设项目，改善电力、电信等基础设施，大力推进农业开发、小农水建设、灌区改造等项目，新增高标准农田 3 万亩，铺设水泥路 72.4 公里，使片区内生产生活条件得以改善，乡村面貌大幅提升。

（照片提供：江苏省盐城市滨海县）

**阿里巴巴（中国）有限公司** 积极参与国家脱贫攻坚，将脱贫攻坚与自身发展目标融合，并以平台力量撬动更多社会资源、以科技优势提升工作效能，帮助贫困地区共享互联网发展红利。积极探索形成可持续、可参与、可借鉴的“互联网＋脱贫”模式。聚焦脱贫工作长效机制，在做好农产品销售与提升农民收入的前提下，帮助贫困地区完善基础设施、优化产业模式、培养人才梯队、树立市场品牌，真正激发贫困地区的内生发展动力并培养自我造血能力。充分运用互联网思维，在每一个脱贫项目设计初期即考虑社会力量的参与入口与协同方式，充分带动爱心企业、公益机构及普通民众的力量，打造脱贫攻坚社会协同的枢纽型平台。

# 全力参与脱贫攻坚　创新“互联网＋脱贫”模式

阿里巴巴（中国）有限公司（简称阿里巴巴）一直积极参与国家脱贫攻坚，将脱贫攻坚与自身发展目标融合，以平台力量撬动更多社会资源、以科技优势提升工作效能，帮助贫困地区共享互联网发展红利。2017 年 12 月，阿里巴巴进一步将脱贫攻坚工作上升为集团战略，依托在电商、金融、技术、平台、产品方面的优势，计划 5 年内持续投入 100 亿元，探索可持续、可参与、可借鉴的“互联网＋脱贫”模式。

## 脱贫攻坚工作与集团发展目标深度融合，实现“脱贫＋业务”双赢创新

社会责任应内生于商业模式，并与企业发展战略融为一体。只有当社会责任成为企业内在的核心基因，才能具备恒久性和可持续性。在脱贫攻坚实践中，阿里巴巴坚持“公益的心态、商业的手法”，推动脱贫攻坚工作与自身发展目标深度融合。

阿里巴巴不断整合技术、产品、运营等方面的资源及优势，推动脱贫攻坚工作成为业务创新与发展的突破口，实现业务发展与社会责任的双赢。如把互联网新兴的“直播”与贫困地区产地直销相结合，创下 4 小时直播销售 1 000 万元农产品的纪录。通过开展“脱贫攻坚公益直播盛典”“县长来了”等活动，贫困县县委书记、县长等走进直播间，与主播、公益明星共同为家乡产品代言。实施“村播计划”，与全国 100 个县域建立长期直播合作，打造脱贫 IP 栏目带，贯穿全年主题活动 100 场以上，预计实现农产品销售额超过 30 亿元。

/ 2017 年 12 月 1 日，阿里巴巴脱贫基金成立仪式

## 技术打造“互联网＋脱贫”模式，输出脱贫攻坚领域“阿里经验”

一是兴农扶贫工作。在兴农扶贫探索中，阿里巴巴提出“亩产一千美金”概念，这是全国首次以经济收益定义农产品的单位价值，旨在用科技为农业生产提供全程现代化服务，推动产业、货品、营销、科技、人才、全球化全面升级，为生产“加油”，为脱贫“提速”。在国家级贫困县湖北省秭归县，阿里巴巴大数据能提前告知果农不同销售区域或渠道需要的脐橙规格与数量，把需求细化到果径大小和甜度。在采摘分类过程中，应用云端数据、远红外线等，实现脐橙精准分类，极大缩短配送时间，保证果品鲜度。应用区块链溯源、智慧农业大脑、物联网数据化等技术，以及合作伙伴的无人机飞防技术、水肥一体化滴灌技术，让秭归脐橙实现从田间到餐桌全链路智能化、数据化，并通过数据沉淀为未来产业升级做科学指导。在 2018 年 4 月“淘宝吃货节”中，秭归脐橙两天售罄，销量突破百万枚，同比增长百倍。

农业农村部信息中心的报告显示，2018 年 832 个国家级贫困县电商市场规模达 867.6 亿元。其中，阿里平台网络销售额超过 630 亿元，有 100 多个贫困县网络销售额达到或超过 1 亿元。

二是关爱女性群体。2006 年，阿里巴巴和中国红十字会总会联合发起“魔豆妈妈”项目，在全国为贫困母亲群体提供创业就业培训，让她们通过创业就业实现有尊严的脱贫。在 2018 年全国首届“魔豆妈妈”创业扶贫大赛上，20 位“魔豆妈妈”因突出的创业脱贫事迹，获得中国红十字会淘宝公益基金提供的 3 万元奖金、20 万元项目孵化金支持和企业家导师资源。10 多年时间，“魔豆妈妈”项目帮助的贫困母亲人数超过 8 000 人。

三是健康脱贫工作。针对因病致贫、因病返贫问题，阿里巴巴公益、蚂蚁金服公益、蚂蚁金服保险与中国扶贫基金会联合发起“顶梁柱健康扶贫公益保险”项目，以全透明、全跟踪、全覆盖的模式实现“互联网 + 精准脱贫”。通过图像识别，自动识别受保人用支付宝上传的理赔单据，提取图像文字信息，识别关键核赔因子，智能化地为保险公司提供理赔参考，大大降低保险公司的服务成本，让 90% 的善款用于理赔，保障了理赔高效能和透明度。

在便捷方面，贫困村只要一人有支付宝就能看到整个村的投保情况，并可在线完成保单查询、发起理赔申请。通过一人就能帮全村贫困户落实保险事宜，显著提高了工作效率。

/ 2019 年 1 月 10 日，阿里巴巴技术脱贫大会淘宝直播现场

## 依托互联网搭建脱贫攻坚的社会协同平台，带动社会力量广泛参与

社会力量广泛参与是脱贫攻坚的重要推动力。新闻社交网络、电商平台、直播等已成为互联网用户和众多企业关注脱贫攻坚、参与脱贫攻坚的渠道。2018 年，阿里巴巴公益和蚂蚁金服公益双平台吸引 200 万个商家、4.2 亿用户进行公益捐赠，累计帮扶贫困人口超过 774 万人次。

“顶梁柱健康扶贫公益保险”联合淘宝平台“公益宝贝”等公益产品助力全民参与脱贫攻坚。截至 2018 年 12 月，“顶梁柱”项目带动 3.6 亿用户、112 万个商家，产生 27 亿笔公益捐赠，累计筹款 1.36 亿元，为 12 个省（区、市）66 个贫困县的建档立卡贫困群众提供 425 万人次的健康补充保障。

“蚂蚁森林”将用户的绿色行为转化成“碳能量”，积累一定的量就可种下一棵真树或守护相应面积保护地。截至 2018 年 12 月，累计创造超过 18 万人次的绿色就业岗位，劳务收入超过 2 700 万元。截至 2019 年 4 月，5 亿支付宝用户通过“蚂蚁森林”植树超过 1 亿棵。同时，“蚂蚁森林”推广沙棘、欧李等经济树种创建“生态脱贫”新模式。2018 年 11 月 19 日，314 万用户将超过 2.35 万亩的沙棘树兑换一空，能让当地 30% 以上贫困户成为种植户，沙棘枣产品也将在阿里平台出售，部分收益将用于反哺

/ 阿里巴巴集团领导走访阿里电商脱贫样板县重庆市奉节县

当地生态造林和贫困户。

“一县一品”帮助贫困地区提升生态品牌价值，带动增收。2018 年 8 月 17 日，四川平武蜂蜜限量预售，不到 1 小时 1 万瓶平武蜂蜜被抢购一空；9 月 13 日，第二批 1 万瓶蜂蜜几分钟内售罄。2018 年 12 月，和顺保护地在“蚂蚁森林”上线，1 402 万用户认领 2 016 万平方米土地。和顺原醋和非物质文化遗产“牵绣”礼盒上线，一天有 3 万人预定了当地绣娘们以往一年的订单，预计绣娘人均月增收近 2 000 元。

## 推动人才培育，助力建设覆盖贫困人口成长教育全阶段的保障体系

乡村振兴离不开教育振兴，精准脱贫离不开教育脱贫。10 多年前阿里巴巴就启动了电商人才培育工作，淘宝大学为各级政府、企业和农民提供学习机会，重点培养农村电商人才，探索新型职业培训模式。

一是电商创业培训。淘宝大学开展针对贫困地区学员及政府领导干部的培训工作，促进当地电子商务发展。截至 2018 年 12 月，累计举办 75 期县长电商研修班，覆盖 28 个省级行政区，培训 3 076 名县领导。截至 2019 年 2 月，淘宝大学建立的 26 个县域人才培训基地，共计开展 630 期培训，培训 58 305 人次。

2018 年，淘宝大学和阿里云大学共同为全国贫困地区开展电商与云计算相关培训，培训人数超过 26 万人次。在贫困县建立 9 个电商培训基地。淘宝大学在线电商培训课程已覆盖 98.9% 的国家级贫困县。

二是“乡村教师”系列计划。从 2015 年开始，为培养乡村教育人才，马云公益基金会先后发起“乡村教师计划”“乡村校长计划”“乡村师范生计划”。2019 年收到来自全国 735 个贫困县的申报材料 6 428 份，贫困县覆盖率达 88.3%，涉及乡村教师 3 708 人、乡村校长 570 人、乡村师范生 2 150 人，其中乡村教师来自全国 23 个省（区、市）654 个贫困县。

三是关注贫困地区学前教育。为促进贫困地区婴幼儿成长和社会情感发展，打破贫困代际传递，阿里巴巴与湖畔魔豆公益基金会共同发起“养育未来”项目，并于 2018 年 4 月在陕西省宁陕县启动。养育中心提供日常游戏活动空间，招募和培训专业养育师，为 3 岁以下幼儿和看护人提供专门的亲子互动指导，1 500 多名不满 3 岁的宝宝成为首批受益者。2019 年，在宁陕县建立 20 个养育中心，覆盖全县 80 个村庄所有 0～3 岁的宝宝，并将在全国推广宁陕模式，帮助更多贫困地区填补婴幼儿早期养育空白。

经过多年探索，阿里巴巴形成了可持续、可参与、可借鉴的“互联网 + 脱贫”模式。在工作策略上，聚焦脱贫工作长效机制，在做好农产品销售与提高农民收入水平的前提下，帮助贫困地区完善基础设施、优化产业模式、培养人才梯队、树立市场品牌，真正激发贫困地区的内生发展动力并培养自我造血能力。在工作方式上，充分运用互联

网思维，在每一个脱贫项目设计初期即考虑社会力量的参与入口与协同方式，充分带动爱心企业、公益机构及普通民众的力量，打造脱贫攻坚社会协同的枢纽型平台，成为脱贫攻坚领域的社会创新试验田。在工作成效上，通过脱贫样板县探索出了多种脱贫工作模式，并通过脱贫经验的共享实现脱贫致富的百花齐放。无论是推动贫困地区的农产品销售，还是针对贫困户建立健康保障体系，阿里巴巴及生态伙伴都可以提供多种实现路径，为每一个贫困县形成适合自己的方案助力。

未来，阿里巴巴将继续撬动各方力量，全力参与国家脱贫攻坚，在投入 100 亿元脱贫基金的基础上，通过技术支持，产生价值 1 000 亿元乃至更大的脱贫效应。

[照片提供：阿里巴巴（中国）有限公司]

**安徽省六安市扶贫开发局** 以县级脱贫攻坚项目库建设为依托，努力创新，建立科学严谨的脱贫攻坚项目全生命周期管理体系：严格按照“村级申报、乡镇初审、主管部门审核、领导小组审定、市级备案”的流程，编制入库项目，建立扶贫项目库；抓住项目选择、动态调整、监管、验收运营和绩效评价五个关键环节，出台一系列管理文件，建立有章可循的管理机制。通过实施项目全生命周期管理，有效扩大了项目储备规模，提高了储备项目质量，增强了项目可选择性，加快了项目实施进度，强化了项目运营管护，为精准扶贫、精准脱贫提供了有力支撑。由于扶贫项目实施严格、高效、规范，以及扶贫项目后期运营管理有力，贫困群众生活质量明显改善，群众的获得感不断提升。

# 创新项目库建设　有力促进脱贫攻坚

六安市位于安徽省西部，素称皖西，是大别山集中连片特困地区，也是安徽省贫困人口最多、分布面积最大、贫困程度最深、扶贫任务最重的地区。近年来，六安市扶贫开发局坚持以习近平新时代中国特色社会主义思想为指导，全面贯彻落实党的十九大和十九届二中、三中全会精神，紧紧围绕习近平总书记关于扶贫工作的重要论述以及中央、省市关于打赢脱贫攻坚战三年行动的决策部署，狠抓责任落实，强化攻坚措施，脱贫攻坚工作取得良好成效。截至 2018 年底，贫困人口由 2014 年的 70.96 万人减至 8.97 万人，贫困村由 442 个减至 4 个，贫困发生率由 13.84% 降至 1.79%。

做好脱贫攻坚项目库建设，是精准扶贫的具体行动，是确保实现脱贫攻坚目标的重要抓手。六安市扶贫开发局以县级脱贫攻坚项目库建设为依托，努力创新，建立科学严谨的脱贫攻坚项目全生命周期管理体系，有效扩大了项目储备规模，提高了储备项目质量，增强了项目可选择性，加快了项目实施进度，强化了项目运营管护，为精准扶贫、精准脱贫提供了有力支撑。

## 强协作，创“百舸争流”新动力

合理分工协作，由六安市扶贫开发局牵头负责全市扶贫项目库建设，对县区项目库进行指导检查，制定项目库运行绩效评价办法，确保全市项目库建设工作高效运行；市发改委、农业部门牵头制定产业发展规划，为县区谋划产业扶贫项目提供支撑；市财政

/ 六安市召开脱贫攻坚工作推进会研究部署脱贫攻坚项目库建设工作

部门负责财政专项扶贫资金投入和财政涉农资金整合工作，对资金使用情况开展监督检查；市审计部门加强对扶贫项目资金使用情况的跟踪审计；市纪检部门强化扶贫领域监督执纪问责，确保资金使用精准、安全、高效。县区作为扶贫项目库建设主体，分别成立了扶贫项目库建设领导小组和规划项目组、资金整合组、资金审计组、绩效考评组等，确保扶贫项目库建设工作整体推进。

## 严编报，创“环环相扣”新流程

严格按照“村级申报、乡镇初审、主管部门审核、领导小组审定、市级备案”的流程，编制入库项目，建立扶贫项目库。

第一步，村级申报。到村项目，村“两委”提出项目清单，经村民代表大会讨论后公示，公示无异议后，上报乡镇人民政府。到户项目，贫困户向所在村“两委”提出申请，村“两委”核实、公示无异议后，上报乡镇人民政府。

第二步，乡镇初审。乡镇组织业务站所人员深入村或贫困户家中调查核实，重点审查项目是否真实、项目内容是否完整。乡镇初审通过并公示无异议后，将项目按照类型分类汇总，上报县区项目主管部门。

第三步，主管部门审核。县区项目主管部门重点审查乡镇上报的项目是否符合县区

/ 六安市扶贫开发局召开专题会议研究脱贫攻坚项目库建设工作

“十三五”扶贫规划及行业部门规划，是否符合土地政策、环境保护政策，是否符合本地发展实际，是否可以支持稳定脱贫等。主管部门审核通过后，出具审核意见。县区扶贫部门结合脱贫攻坚规划及资金计划，汇总后合理确定项目库储备规模，报县区扶贫开发领导小组。

第四步，领导小组审定。县区扶贫开发领导小组研究确定拟入库项目，经公示无异议后，将符合条件的项目纳入项目库并在县区政府网站、报刊等媒体上公告。跨村、跨乡镇扶贫项目分别由乡镇人民政府、县区人民政府统一规划，按照上述申报程序确定，一并纳入项目库管理。

第五步，市级备案。县区扶贫开发领导小组完成项目审定入库后，形成完整的项目资料，报市扶贫部门备案。备案后，对确需调整的项目，县区扶贫开发领导小组要提交调整说明，重新履行备案手续。

六安市共备案2018—2020年入库项目52 165个，其中2018年15 958个、2019年24 420个、2020年11 787个。

## 建机制，创“有章可循”新周期

六安市陆续出台了《六安市扶贫项目管理暂行办法》《六安市扶贫项目库建设和管

/ 六安市扶贫开发局现场调研金安区施桥镇旗杆村脱贫攻坚项目库建设情况

理实施细则》《六安市财政扶贫资金管理办法》《六安市财政扶贫资金项目信息公开和公示公告实施办法》等文件，从项目选择到绩效评价各环节，建立了一套有章可循的全生命周期管理机制。

一是项目选择。在县区项目库内，村“两委”按照年度脱贫攻坚计划，择优选择到村到户项目，经乡镇人民政府审查后，报县区项目主管部门。乡镇人民政府接到项目批复后，及时组织实施并将项目录入全国扶贫开发信息系统，实行全程公示。批复的项目原则上不得擅自变更，确需调整变更的，要按项目原申报程序报批。

二是项目动态调整。县区扶贫项目库建设工作领导小组办公室每年第四季度对项目库进行一次调整，将纳入项目库的项目根据贫困人口需求、政策调整变化、脱贫攻坚进度等情况进行动态调整。对已实施完成的项目和因政策等因素影响无法实施的项目及时调整出库，对新项目按申报程序确定后补充入库，做到有进有出。根据项目进展、项目实施效果等情况，及时更新相关项目内容，录入项目管理系统。

三是项目监管。强化市县乡村四级监管责任。市扶贫开发局等部门每季度对县区项目建设管理情况进行专项巡查，县区扶贫等部门定期或不定期对项目库建设及项目实施情况开展监督检查，乡镇人民政府、包村干部、驻村扶贫工作队就近就地监管，项目所在村组对项目实施日常监管。

四是项目验收和运营。项目实施完成且项目实施单位自验合格后，按照有关规定向乡镇人民政府或县区项目主管部门申请验收。按照“谁主管、谁负责”的原则，乡镇人民政府或县区项目主管部门成立项目验收小组组织验收，并将验收报告提交县区扶贫开发领导小组，其中到户扶贫项目验收报告必须由受益贫困户签字确认。项目验收后依据有关规定，划分产权归属，明确管护主体，建立运营管护制度，确保项目效益的持续性。

五是项目绩效评价。县区扶贫开发领导小组在项目实施完成后，及时组织力量对资金量大、影响面广、关注度高的项目进行重点绩效评价。市扶贫开发领导小组对县区扶贫项目进行抽评。市扶贫开发局将县区扶贫项目管理实施和绩效评价情况作为市财政专项扶贫资金分配的重要依据。

## 促脱贫，创“精彩答卷”新篇章

一是项目安排更加精准。2018 年全市共实施各类脱贫攻坚项目 15 958 个，所实施的项目全部来源于项目库，因项目谋划比较精准，有效预防和遏制了项目随意调整现象的发生。

六安市舒城县柏林乡谢河村光伏电站项目

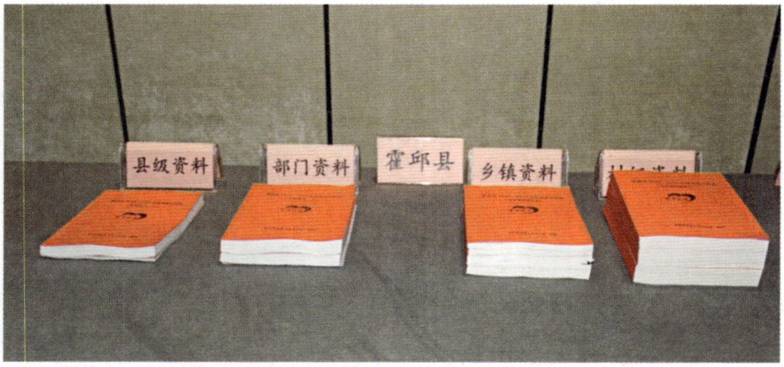


/ 六安市霍邱县脱贫攻坚项目库建设资料

二是项目进度明显加快。通过实施项目全生命周期管理，加快了项目实施进度，提高了扶贫资金使用效率。2018 年全市财政扶贫资金支出进度为 93.8%，比规定比例提高了 1.8 个百分点；已整合资金规模占计划整合资金规模比例达 98.7%，已完成支出资金规模占计划整合资金规模比例达 92.6%，比规定比例分别提高了 18.7 个和 12.6 个百分点。

三是项目成效日益显现。近年来，六安市累计实施道路畅通工程 5 734.6 公里，易地扶贫搬迁 9 225 户 31 923 人，危房改造 81 457 户，解决 78.89 万人饮水安全问题，建成并网光伏 59 万千瓦带动约 9 万户贫困户增收，有 8 391 个园区带动 442 个贫困村 17.55 万户贫困户发展特色种养业，实施到村到户特色种养业项目扶贫 34.06 万个。通过上述项目的精准实施，基础设施建设和基本公共服务水平明显提高，脱贫基础更加稳固。据第三方评估调查，六安市 2018 年贫困群众对扶贫帮扶成效的满意度、对基础设施和公共服务的满意度均达到 99% 以上。

四是群众获得感不断提升。按照“自下而上”的项目申报模式，实现了扶贫项目“从群众中来”，提高了贫困群众的参与度。由于扶贫项目实施严格、高效、规范，以及扶贫项目后期运营管理有力，贫困群众生活质量明显改善，群众的获得感不断提升。据统计，2018 年六安市农村居民人均可支配收入 11 959 元，同比增长 10.2%，增幅位居全省第一，其中建档立卡贫困户收入较上年增长 15.9%，实现 15.1 万人脱贫、181 个贫困村出列。

（照片提供：安徽省六安市扶贫开发局）

**福建省宁德市扶贫开发领导小组办公室** 坚持发挥脱贫攻坚“参谋部”作用，聚焦贫困群众、贫困村和扶贫开发重点县，推动建立脱贫攻坚的领导体系、工作制度，制定专项扶贫、行业扶贫、社会扶贫等一系列具体政策措施。抓实产业扶贫，立足特色产业，下好“绣花功夫”，注重提升贫困群众内生动力，坚持“选准一个产业项目、落实一笔帮扶资金、联系一个带动实体、安排一名帮扶干部”的产业帮扶机制，探索形成了政策推动、龙头带动、能人引路等多种模式，确保90%以上的贫困户都有增收项目。在确保产业扶贫资金按时按需落实到村到户的基础上，重点加快小额信贷扶贫机制的创新，陆续探索建立了“扶贫小额信贷促进”“农户自立工程”等信贷扶贫工作机制。在全省率先开展“造福工程”搬迁扶贫，20多年来累计实现40.4万贫困群众“挪穷窝”。

# 强化担当　坚持精准<br>发挥脱贫攻坚“参谋部”作用

福建省宁德市是习近平总书记早期开展扶贫实践的地方。习近平总书记在宁德工作时，带领闽东干部群众，紧紧围绕“加快发展、摆脱贫困”这一工作主线，大力倡导“滴水穿石”精神、“弱鸟先飞”意识、“四下基层”制度和“行动至上”作风，翻开了闽东扶贫开发、摆脱贫困的新篇章。宁德市扶贫开发领导小组办公室（简称宁德市扶贫办）始终坚持传承和弘扬习近平总书记当年的好思想好传统好作风，深入贯彻中央和省市脱贫攻坚决策部署，在党委、政府的领导下，推动全市完成脱贫77万多人。特别是党的十八大以来，宁德市扶贫办坚持把贯彻落实习近平总书记关于扶贫工作重要论述作为检验“四个意识”和践行“两个维护”的试金石，抓好脱贫攻坚各项工作，实现年均减贫3万人以上。“十三五”时期宁德市有7.2万建档立卡贫困人口实现脱贫，贫困发生率降至万分之一以下；453个贫困村退出419个，6个省级扶贫开发工作重点县中有4个先后摘帽出列，脱贫攻坚取得了决定性进展。

## 强化政治担当，当好脱贫攻坚的“参谋部”

在谋划推动上，宁德市扶贫办牵头起草了《中共宁德市委、宁德市人民政府关于深入贯彻中央扶贫开发工作会议精神的若干意见》等重要文件，加快推动脱贫攻坚三年行动、老区苏区脱贫等重点工作；聚焦贫困群众、贫困村和扶贫开发重点县，推动建立脱

/ 宁德市扶贫办工作人员到连家船民安置小区了解上岸船民生产生活情况

贫攻坚的领导体系、工作制度，制定专项扶贫、行业扶贫、社会扶贫等一系列具体政策措施。

在完善机制上，建立“六个百分百”一线挂钩扶贫和定期“挂钩帮扶日”制度，推动全市1.2万名干部挂钩帮扶2.27万户贫困户，120多个市直部门、单位挂钩453个贫困村。积极开展“六个一”包村工程和“五个一”包户行动，形成党委、政府、部门、社会共同帮扶发展的责任体系。

在统筹协调上，充分发挥好牵头协调作用，抓好督导考核、作风建设、干部培训等工作，建立脱贫攻坚例会制度，坚持问题导向，加快补齐短板，督促各级各部门落实好脱贫攻坚决策部署。积极倡导社会扶贫，动员万科、青山等知名企业参与公益慈善、扶贫助学等活动。

## 坚持精准方略，当好脱贫致富的“指导员”

围绕精准识别，在坚持现行识别标准基础上，立足宁德实际，确立了“边缘从宽”、“两不两应”（即不下指标、不限规模，应进则进、应扶则扶）的工作方针。加强数据共享和数据分析，做到严把动态管理关口，锁定“十三五”时期7.2万贫困人口、453个贫困村，摸清贫困“家底”。

/ 宁德市扶贫办工作人员深入造福工程搬迁群众家中了解搬迁后的生产生活情况

围绕精准帮扶，确立了“五看五知”工作要求。“五看”，即看住房安全、看生活支出、看劳动力素质、看教育医疗、看收入渠道；“五知”，即知致贫主因、知困难问题、知群众意愿、知发展潜力、知帮扶途径。指导县乡两级和扶贫工作队查找贫困群众致贫原因，对因病、因灾、缺资金、缺技术、缺劳动力等问题进行精准识别，为制定帮扶措施提供依据。同时，按户按人建立脱贫档案，做到精准扶贫全程可控可查，构建了对接贫困户政策需求、帮扶需求的快速响应机制。

围绕精准退出，加强对动态管理工作的指导和考核，看收入是否达标、“两不愁三保障”是否实现、生产就业帮扶措施是否落实、生活困难是否得到解决，确保退出结果群众认可、经得起历史检验。

## 注重提升内力，当好群众增收的“引导员”

一是下好产业扶持“绣花功夫”。立足宁德特色产业和“3+1”产业振兴规划，坚持“选准一个产业项目、落实一笔帮扶资金、联系一个带动实体、安排一名帮扶干部”的产业帮扶机制，全面开展“一户一增收”行动，引导全市1 000多家农民合作社、农业龙头企业、家庭农场（种养大户）参与带动1.5万户贫困群众发展产业。通过“龙头企业＋基地＋农户”“专业合作社＋农户”“电商＋农户”“定制种养”等方式，推动

/ 宁德市扶贫办工作人员深入少数民族乡村田间地头查看葡萄收成情况

90% 以上的贫困户都有产业增收项目，探索形成了政策推动、龙头带动、能人引路、定制产品、帮带分红、旅游增收、电商扶贫、地标扶贫等 8 种产业扶贫模式，涌现出福鼎赤溪“旅游扶贫”、屏南长桥“订单养羊”、霞浦崇儒“众筹蜂箱”等产业扶贫典型。

二是加快帮扶资金“精准滴灌”。在确保产业扶贫资金按时按需落实到村到户的基础上，重点加快小额信贷扶贫机制的创新。宁德市陆续探索建立了“扶贫小额信贷促进”“农户自立工程”等信贷扶贫工作机制，从 2007 年开始，在全省率先实施以政府财力补偿风险、扶贫部门推介贷款、金融机构简化手续、全面深化信用建设等创新举措，有效解决了农民贷款难问题。“十三五”时期，宁德市进一步加快信贷扶贫提标扩面，建立 1.4 亿元的扶贫小额信贷风险资金池，累计为 1.2 万户贫困户提供 6.3 亿元的贷款支持，建档立卡贫困户覆盖率达到 50% 以上。

三是积极开展“扶志扶智”。大力培育一批可看、可学、可信、可借鉴的脱贫致富典型，选树百支“扶贫团队”、百名“扶贫先锋”、百个“脱贫之星”，使贫困地区和贫困群众学有榜样、赶有目标。坚持“授人以渔”，实施“科技特派员”制度，累计组织 1 000 多名技术人员到农业农村一线扶贫，4 000 多名乡土人才与群众结成帮扶对子。每年组织实施“雨露计划”等实用技术和就业培训 1 万多人次，转移就业 2 000 人以上，安排公益性岗位 1 000 多个，提升了贫困群众自主脱贫本领。

## 聚焦“两不愁三保障”，当好政策落实的“服务员”

针对“一方水土难养一方人”的问题，20 世纪 90 年代，宁德市在全省率先开展“造福工程”搬迁扶贫，解决群众生产生活难题。20 多年来累计完成 40.4 万人搬迁，其中实现了近 2.5 万名连家船民上岸定居、3 000 多个边远自然村整体搬迁，建成 1 000 多个集中安置区。特别是“十三五”时期，宁德市围绕“挪穷窝”，持续加大工作力度，建立“三个三”工作机制。即：搬迁用地做到“三集中”，在县城城郊、中心集镇、中心村划出地块进行集中安置；搬迁规划做到“三保障”，搬迁资金、建设规划和基础设施由政府配套；后续发展做到“三就地”，加快解决搬迁户就业、就医、就学问题，确保群众搬得出、稳得住、能致富。

针对住房安全问题，在全省率先出台贫困户住房安全鉴定和市县财政补助政策，全面开展危房鉴定，对需要住房修缮或重建的贫困户进行补助，累计为 2 200 多户贫困户实施危房改造。

针对医疗负担问题，在落实好基本医疗保障和省级医保叠加保险政策的基础上，率先在全省出台建档立卡贫困人口健康扶贫补充保险政策，进一步提高贫困人口的报销比例，确保身患大病、慢性病住院治疗群众的医疗费用报销比例超过 90%，进一步减轻

/ 宁德市扶贫办工作人员与贫困户交流家庭经营产业情况

/ 宁德市扶贫办携手企业开展宁德千人扶贫助学计划

了贫困群众的医疗负担。

针对教育保障问题，会同教育部门抓好义务教育阶段的“控辍保学”，累计发放各类助学金和补助6 000多万元，涉及4.5万人次。对生源地家庭经济困难大学生提供信用助学贷款2.8亿元，贷款量居全省首位，涉及3.5万人次。

宁德市扶贫办将坚定不移高举习近平新时代中国特色社会主义思想伟大旗帜，进一步加快精准扶贫、精准脱贫步伐，加快提升脱贫质量，巩固脱贫成果，坚决打好打赢脱贫攻坚战。

（照片提供：福建省宁德市扶贫开发领导小组办公室）

**江西省赣州市石城县** 创新构建“一对一”“一对多”“多对一”“多对多”四大体系，倾力打造“互联网 + 社会扶贫”样板，做大做强社会帮扶力量，汇聚形成脱贫攻坚合力。创新推出“四步曲”工作法，大力实施创业致富带头人培育工程，带领贫困群众发展产业，增强“造血”功能。把 72 个扶贫车间搬到群众家门口，吸纳 981 名贫困劳动力在家门口就业。实施旅游强县发展战略，发挥旅游产业在脱贫攻坚中的综合带动作用。引导创业致富带头人领头创办农民专业合作社，把全县 85% 的贫困户与农民专业合作社联结起来。扶持全县 131 个村发展村级集体经济产业示范基地，优先为贫困户提供培训和就业机会。2019 年 4 月，石城县脱贫摘帽。

# 搭建帮扶新平台　打造致富先锋队<br>带领老区群众脱贫奔小康

江西省赣州市石城县是国务院扶贫办定点扶贫县。在国务院扶贫办的关心和指导下，石城县以创新扶贫举措为引领，以培育脱贫动能为重点，聚焦老区贫困群众“两不愁三保障”脱贫标准，坚持平台、队伍两手抓，做大做强社会帮扶力量，汇聚形成脱贫攻坚合力，带领贫困群众发展产业，增强“造血”功能。2019 年 4 月，石城县脱贫摘帽。

## 健全四大体系，倾力打造“互联网 + 社会扶贫”样板

创新构建“一对一”“一对多”“多对一”“多对多”四大体系，倾力打造“互联网 + 社会扶贫”样板。“一对一”“一对多”“多对一”“多对多”分别为一名爱心人士对接一个贫困户需求、一名爱心人士对接多个贫困户需求、多名爱心人士对接一个贫困户众筹资金需求以及多方面爱心力量对接多个贫困户需求。

第一，提升“三率”，健全“一对一”帮扶体系。一是提升注册率，扩大覆盖面。实行帮扶干部和村级管理员率先注册、贫困群众一对一指导注册、社会人员现场注册。通过在圩镇、商店、车间、景区等地方开展现场推广活动，爱心人士注册人数已达 45 147 人。二是提升发布率，提高精准度。明确“两不愁三保障”之外的不发布、自己能解决的不发布、不合理的不发布，并制定“中国社会扶贫网 + 产业、就业、教育、

/ 创业致富带头人到车间了解生产情况

医疗、安居”（1+5）机制，明确需求发布方向。实行四级（县级管理员—乡镇分管领导—乡镇社会扶贫网专干—村级管理员）管理模式，精准审核需求。由县级管理中心定期分类统计需求，乡、村与单位信息管理员主动承接，在各种网络宣传平台公告，提高精准对接。设立爱心需求专职管理员，实现“一对一”精准对接贫困户需求。三是提升参与率，激发活跃度。组建县、乡、部门三级工作联动微信群以及企业家、医护人员等爱心人士微信群，将中国社会扶贫网、微信公众号与县新闻网站，各部门、单位门户网站等有机结合，并利用报纸、广播、电视、网站、微信、电子显示屏、宣传长廊等媒介进行大力宣传。同时，突出重大资金需求，线上引导发布需求、对接需求，线下由村级管理员协同爱心人士跟踪保障对接成效；短期与长期相结合，短期关注对接资金、物品等的落实与使用，长期由结对帮扶干部持续关注贫困户对接结果与脱贫成效。

第二，聚合力量，健全“一对多”帮扶体系。一是志愿者队伍“领”。成立 143 支志愿者队伍，吸纳 1 296 名志愿者主动加入，利用中国社会扶贫网、微信等载体，打通线上线下沟通渠道，积极帮助贫困户寻找爱心对接人。带动爱心人士通过中国社会扶贫网，“一对多”对接贫困户。二是企业联村“帮”。大力推进“百企帮百村”活动，组织 61 家企业积极对接帮扶 29 个贫困村和 15 个深度贫困村，线上对接需求，线下开展募捐、资金众筹等活动。在发达地区组建 6 个石城商会，吸引各类企业积极加入，设立“同心基金”，定期通过网络对接贫困户需求。三是政策配套“扶”。组织人员定期对贫困户发布的需求进行统计分析，针对如何发展产业、帮助就业等需求，建立光伏、旅游、电商等扶贫群，通过发挥各类企业作用、完善利益联结机制，把有劳动能力的贫困群众牢牢“绑”在产业链上，真正变“输血式”扶贫为“造血式”扶贫。

第三，做实众筹　健全“多对一”帮扶体系。一是制定众筹标准体系。对中国社会扶贫网适用的筹资类别、资金额度、操作流程等予以明确，避免需求不准。二是扩大信息知晓面。要求结对帮扶干部和村级管理员在帮助贫困户发布众筹需求的同时，第一时间将信息发布到微信朋友圈、爱心人士微信工作群等平台，让更多的人能够及时了解贫困户的资金需求。三是强化使用跟踪。对完成的众筹项目，帮扶干部、村级管理员要认真做好资金使用监管跟踪工作，确保资金用对、用好、用在刀刃上。

第四，用活平台　健全“多对多”帮扶体系。一是用活电商扶贫平台，破解销售难题。积极引导贫困户、扶贫经营主体入驻中国社会扶贫网商城，有效帮助贫困户在商城销售特色农副产品。针对大部分贫困户网络操作不熟练、部分买家需要大批量购买等情况，分别与石城县赣江源农业开发公司、江西圈圈网络科技有限公司合作，定点收购贫困户产品，通过中国社会扶贫网统一售卖。全县已有 3 000 余名贫困群众参与电商扶贫，两家合作公司销售总额突破亿元，有效解决了贫困群众产品滞销问题。二是用活

/ 创业致富带头人向贫困群众传授山地鸡养殖经验

/ 创业致富带头人在介绍合作社如何带动贫困群众增收

扶贫展示、扶贫评价平台，凝聚各方合力。帮扶干部每日浏览扶贫展示平台，精选内容转载至县内宣传媒介。通过举办成果展、主题宣传等活动，扩大影响力，激发广大爱心人士关注扶贫、参与扶贫、支持扶贫的积极性。根据扶贫评价平台自动生成的信息，结合日常掌握情况，开展爱心扶贫积分评价活动，评选“十佳爱心企业”“十佳爱心人士”“十佳优秀管理员”等，引导全县上下向先进看齐，积极投身脱贫攻坚实践。

## 唱好“四步曲”，大力实施创业致富带头人培育工程

创新推出“四步曲”工作法，即坚持标准选好人、政策激励育好人、选准路径带好人、科学考核管好人。

第一步，坚持标准选好人。选人的条件是坚持“四强”标准。即：政治思想要强，拥护中国共产党的领导；创业意愿要强，渴望创业致富，愿意帮助当地贫困群众改善生产生活条件；创业基础要强，年纪较轻，身体健康，有生产经营管理能力和产业开发能力，有一定文化、资金和技术；带领能力要强，具备较强的组织管理能力，善于激发贫困群众内生动力。选人的范围坚持两个统筹。一是把基层党组织带头人培养成致富带头人。将符合条件的村“两委”干部、村干部后备人选、农村党员优先推荐为创业致富带头人培养对象。二是把创业致富带头人培养成基层党组织带头人。注重从积极向党组织靠拢的退伍军人、种植养殖大户、返乡创业青年、农村经纪人中遴选培养对象，优先推荐，按程序发展入党，并优先推荐参与村“两委”换届选举。全县已有 109 名创业致富带头人培养对象递交入党申请书，154 名创业致富带头人在村“两委”换届中当选为村干部。选人的程序坚持三级联审。严格按照“个人报名、村级推荐、乡镇初审、县级确定”的程序择优选拔，确保培养对象政治合格、基础较好、群众认可。

第二步，政策激励育好人。一是导师带学员。实行“1+11”模式，组织 160 名创业致富带头人到全国贫困村创业致富带头人培训基地培训 1 个月，安排创业导师继续对学员跟踪服务 11 个月。县委党校每年培训不少于 300 名，3 年共培养约 1 000 名创业

致富带头人。二是师傅带徒弟。聘请18名外省企业家和39名石城县本地企业家担任创业导师，与培养对象签订一对一“师带徒”帮扶协议。三是“大哥”带“小弟”。石城县组建创业致富带头人协会，乡镇组建创业致富带头人分会，同项目组建创业致富带头人互助小组，定期组织座谈交流、观摩学习。四是政策扶持。在土地、税费、教育、金融、产业等方面出台了一系列扶持政策。对流转土地发展新型农业经营主体的，实行奖补并优先安排基本建设项目；对在工业园创办实体经济的，以优惠价供地并给予奖补；对在乡村建设标准化扶贫车间的，每个车间补助50万元；对进入电商孵化园从事电商创业的，免除租金、水电费和网络费，并提供10万元创业担保。设立“产业扶贫信贷通”“财政惠农信贷通”“创业信贷通”“小微信贷通”“财园信贷通”等多种金融信贷产品。设立风险缓释基金，开发免抵押贷款项目，并提供利息补贴。建立创业致富带头人发展基金，在每个乡镇建一个创业致富项目基地。

第三步，选准路径带好人。一是推行“扶贫车间＋贫困户”模式。引导企业把车间建到农村，把72个扶贫车间搬到群众家门口，吸纳981名贫困劳动力在家门口就业，月平均工资2 000元左右，既解决了工厂招工难题，又解决了贫困户就业问题。二是推行“旅游景区＋贫困户”模式。依托中国白莲之乡、中国温泉之乡、中国民间文化艺术之乡、中央苏区全红县等品牌效应，借助创建国家全域旅游示范区的契机，实施旅

/ 创业致富带头人向贫困群众传授白莲丰产技术

/ 创业致富带头人向贫困群众传授葡萄种植技术

游强县发展战略，围绕“吃、住、行、游、购、娱”旅游六要素，发挥旅游产业在脱贫攻坚中的综合带动作用。三是推行“专业合作社 + 贫困户”模式。引导创业致富带头人领头创办农民专业合作社，把全县 85% 的贫困户与农民专业合作社联结起来，提高产业发展的效益和抵御市场风险的能力。四是推行“集体经济产业基地 + 贫困户”模式。整合 4 490 万元涉农扶贫资金，按照平均每个村不少于 30 万元的标准，扶持全县 131 个村发展村级集体经济产业示范基地。把产业示范基地承包或租赁给创业致富带头人经营，优先为贫困户提供培训和就业机会。五是推行“电商企业 + 贫困户”模式。建成淘宝、京东县级服务中心和仓储物流中心，新建 90 个电商服务站，引导创业致富带头人建立电商企业，与贫困户签订农副产品代销协议。六是推行“乡村经纪人 + 贫困户”模式。引导乡村经纪人树立诚实经纪、规范经纪的意识，鼓励乡村经纪人发挥信息优势，积极参与农超对接、农校对接、农餐对接、农厂对接等活动，拓宽贫困户农产品营销渠道。

第四步，科学考核管好人。要求创业致富带头人做出带动贫困户的承诺，并签订帮带目标责任书，以就地就业、带动产业、引领创业、技术指导、基金支持等形式，帮带不少于 5 户建档立卡贫困户脱贫增收，帮带时间不少于 1 年。把创业致富带头人管理列入乡镇党建工作目标管理考评内容，要求乡镇落实就地帮扶措施，引导他们尽心尽力帮带贫困户，兑现承诺。

（照片拍摄：黄光庆）

**山东省菏泽市扶贫开发办公室**　不断推动扶贫车间转型升级，将扶贫车间作为农村致富带头人培育基地，已培育创业致富带头人 4 244 名，实现贫困群众就地就近就业与能人创业的统一。通过错位发展产业、延伸产业链条与完善扶贫资产管理办法，兼顾扶贫产业益贫性与可持续性，增强了扶贫产业发展后劲。2015 年以来，全市投入资金 27.9 亿元实施扶贫项目 1 338 个，惠及贫困户 57.28 万人次，实现产业扶贫与扶贫资产盘活的统一。创新搬迁建设模式，推行搬迁社区与产业园区共建，实现深度贫困地区群众搬迁与致富的统一。构筑党政尽职、社会尽责、市场尽能、邻里尽情、子女尽孝和个人尽力的互动互补体系，不断提升贫困群众生活质量，实现乡风文明与自主脱贫的统一。推动贫困村组织帮扶全覆盖，为脱贫攻坚工作提供坚强组织保障。

# “四统一、一保障”集成创新

菏泽是山东欠发达地区，贫困人口多、脱贫任务重，是山东脱贫攻坚的主战场。2013 年 11 月 26 日，习近平总书记视察菏泽时指出，“要坚决打好扶贫开发攻坚战，不断改善贫困人口生活”，为菏泽脱贫攻坚指明了方向。菏泽市扶贫开发办公室（简称菏泽市扶贫办）认真贯彻落实习近平总书记重要指示精神，举全市之力，集全市之智，汇聚、整合各方面资源和力量，逐步形成“四统一、一保障”扶贫工作体系，2014 年至 2018 年实现减贫 170.15 万人，脱贫攻坚战取得重大胜利。

## 推动扶贫车间转型升级：实现贫困群众就地就近就业与能人创业的统一

菏泽市扶贫办持续加强对扶贫车间的政策引导与服务提升，在配套设施、劳动保护、安全环保等方面给予支持，不断探索扶贫车间转型升级模式，搭建能人培育平台。通过探索产业集聚模式、产村融合模式，进一步推动扶贫车间建设标准化、

/ 2017 年 5 月，菏泽市黄河滩区脱贫迁建工程正式开工

/ 菏泽市扶贫办工作人员调研扶贫车间情况

服务主动化、管理规范化、加工品牌化、就业稳定化，实现从车间到工厂，再到工业集聚区的转型，支持劳动密集型产业链在贫困村“扎稳根”。菏泽建成扶贫车间 3 563 个，其中电商扶贫车间 462 个，累计带动 30.5 万名群众在家门口就业、9.7 万名群众稳定脱贫。将扶贫车间作为农村致富带头人培育基地，增强能人返乡创业的吸引力、本地能人发展的推动力，全市所有扶贫车间都由能人经营管理，其中 60% 以上为返乡创业者，已培育创业致富带头人 4 244 名。

## 强化扶贫项目管理：实现产业扶贫与扶贫资产盘活的统一

菏泽通过错位发展产业、延伸产业链条与完善扶贫资产管理办法，兼顾扶贫产业益贫性与可持续性，增强了扶贫产业发展后劲，巩固了产业扶贫成果。一是聚焦扶贫产业活化。在大力发展芦笋、山药、牡丹等种植业，鲁西南黄牛、青山羊等养殖业，纺织、条柳编织等劳动密集型加工业的基础上，注重发展电商、旅游、光伏等新兴产业，形成差异竞争、差序发展态势。发挥一二三产业融合乘数效应，注重培育农业龙头企业、新型经营主体，重点发展农产品初加工和精深加工、休闲观光农业等产业，从“一村一品”到“多村一品”，逐步实现“一镇一业”的产业集群式发展。二是聚焦扶贫资产活化。制定完善《菏泽市农村扶贫资产管理办法》，引导“贫困群众变股东，扶贫资产变资本”。明确资产所有权、经营权、收益权，增加贫困家庭财产性收益；积极探索优质扶贫资产抵押担保融资用于发展高效农业的新路子，盘活扶贫资产，用活扶贫资金，激活农业产业，壮大村集体经济。

2015 年以来，全市投入资金 27.9 亿元实施扶贫项目 4 338 个，惠及贫困户 57.28 万人次。建成特色产业扶贫基地 67 家、农民合作社 2.8 万家、家庭农场 7 539 家。建成市级“一村一品”示范村镇 168 个、省级 19 个、国家级 14 个。菏泽共有 563 个贫困村发展电商，受益贫困群众 2.5 万人，43 个贫困村发展为“淘宝村”并实现整村脱贫。全市规模以上农副产品加工企业达 1 840 家，打造牡丹小镇、芦笋小镇、玫瑰小镇等生态旅游小镇 30 个。菏泽扶贫资产管理制度实践为全省扶贫资产管理办法的制定提供了重要依据。

## 紧盯滩区脱贫迁建：实现深度贫困地区群众搬迁与致富的统一

菏泽市是黄河入鲁第一市，境内共有黄河滩区面积 504 平方公里，滩区内有居民 14.7 万人，自然条件艰苦，基础设施薄弱，发展能力受限，“三年攒钱、三年垫台、三年盖房、三年还账”是滩区群众生活的真实写照。菏泽市把黄河滩区作为脱贫攻坚的重

/ 菏泽市扶贫办工作人员调研产业扶贫情况

点区域，创新迁建模式，解决滩区群众安居乐业问题。

一是就地就近筑村台。2014 年，菏泽市扶贫办联合九三学社中央调研组就黄河滩区扶贫开发进行专题调研，充分了解滩区群众基本生活需求，形成《关于黄河下游滩区扶贫开发的调研报告》，建议推广筑村台模式，实现滩区群众的“安居梦”。就地就近筑村台不影响行洪，不破坏生态，房台“小帆船”变成村台“大航母”，滩区群众不离土、不离乡，生产半径不拉大，生产生活两不误。

二是一台一韵兴产业。结合黄河文化和乡村旅游业发展，统筹做好安置社区规划设计与实施方案编制，不搞一刀切，突破“兵营式”“排排房”的老式传统，做到错落有致、特色各异、一台一韵，彰显黄河滩区文化内涵。坚持“赋新韵”与“创新业”并举，实现安置社区与产业园区共建。在规划建设安置社区时，同步科学规划适宜产业，建设特色优势产业园区，强化产业就业帮扶措施，解决群众发展问题，把昔日的黄河滩建设成“产业兴旺、生态宜居、乡风文明、治理有效、生活富裕”的“花果滩”。

黄河滩区脱贫迁建体现了以人民为中心的发展理念，体现了我们党集中力量办大事的政治优势，体现了习近平总书记“要聚焦深度贫困地区和特殊贫困群体，确保不漏一村不落一人”的重要指示要求。菏泽已筹集资金 95 亿元，基本完成 28 个村台的淤筑，建成滩区撤退道路 91.8 公里，有机粮食、高档果蔬和特色畜禽等生产基地正在稳步建设。

## 构建“六尽”保障体系：实现乡风文明与自主脱贫的统一

菏泽通过构筑党政尽职、社会尽责、市场尽能、邻里尽情、子女尽孝和个人尽力的“六尽”互动互补综合保障体系，不断提升贫困群众生活质量，培育文明乡风。

一是办博爱学校，建养老周转房，以助老扶幼促乡风文明。菏泽针对特困儿童探索建立养教并重的全日制寄宿公益学校模式，学校学生全部为建档立卡贫困户中深度贫困孤苦的孩子，学校为每一名特困儿童免费提供所有生活用品和学习用品，并免费提供学生周末往返家校的接送用车。同时，与社会爱心捐赠精准对接，让社会爱心人士能够更精准地奉献爱心，促进贫困儿童健康快乐成长。该模式在山东全省得到了推广。探索建设集生活居住、日间照料、休闲娱乐等于一体的养老周转房 1 235 套，破解了贫困老人养老安居难题。通过签订赡养协议等方式，使养老周转房成为老人养老的温暖家园，促进了子女尽孝，和谐了邻里关系，凝聚了社区爱心。

二是谱精神扶贫“五子曲”，激发贫困群众内生动力。在解决物质贫困的同时，注重谱好消除乐贫观念“换脑子”、营造脱贫环境“搭台子”、研究脱贫路径“找路子”、选培脱贫典型“树样子”、倡树文明新风“破面子”的“五子曲”，推动形成光荣脱贫、脱贫光荣的良好氛围，让贫困群众产生对脱贫致富的渴望，找到增收门路，更有一部分

/ 菏泽市单县贫困家庭学生寄宿制学校

群众成为致富带头人。特别是针对农村红白事讲排场、爱攀比，甚至因丧因婚致贫等陋习，发挥新时代农村红白理事会的宣传教育作用，通过采取红事“一村一红娘”、白事“一碗菜”等做法减轻群众负担，得到了群众的拥护。

## 从严从实强化作风：为脱贫攻坚工作提供坚强组织保障

一是重精准、勇担当，以绣花功夫落实扶贫举措。在市县单位全部成立扶贫办，建立协同推进工作机制，实现脱贫攻坚“横到边”；在所有行政村配备扶贫联络员，打通扶贫工作“神经末梢”，实现由市到村“纵到底”。组织 1 267 家单位与 1 578 个贫困村签订到村“双向承诺书”，组织 4.9 万名干部与 22 万户贫困户签订到户“双向承诺书”，开展以“单位联村、干部联户，创先进基层党组织、创群众满意的扶贫业绩”为内容的“双联双创”活动，实现贫困村组织帮扶全覆盖。领导干部带头开展遍访行动，帮扶单位、帮扶干部按照“一村一策”“一户一案”的要求，落实各项帮扶措施，实现帮扶到村、到户“绣花图案精准”。

二是树导向、严标准，以从严要求贯穿脱贫攻坚全过程。深入开展作风建设深化年、扶贫领域腐败与作风问题专项整治、“三保障”突出问题专项整治等活动，有效防止数字脱贫、虚假脱贫及形式主义、官僚主义。坚持问题导向和结果导向，优化考核机

/ 菏泽市推行“双向承诺”机制，拉起精准扶贫责任落实“两条链”

制，强化结果运用。开展脱贫攻坚以来，先后提拔重用优秀扶贫干部410名、问责处理干部1 206名，旗帜鲜明地树立了担当作为、狠抓落实的导向。2018年，省扶贫开发领导小组对菏泽市党委政府的扶贫开发工作成效考核结果显示，扶贫工作群众满意度为99.54%，贫困人口万人平均信访舆情量在全省17个市中排位最低。

（照片提供：山东省菏泽市扶贫开发办公室）

菏泽市东明县黄河滩迁建工程竹林新村全貌

**河南省驻马店市平舆县** 利用互联网技术，构建县级医院、乡镇卫生院和村卫生室三级互联网诊疗平台，使贫困群众足不出村就可以享受优质诊疗服务。实行县域内就诊“一卡通”，建立健康扶贫动态管理数据库、居民电子健康档案数据库、医生信息数据库和慢病人群数据库。成立由332名县医、127名乡医、708名村医组成的巡诊队伍，签约帮扶贫困户。强化健康教育，配备兼职健康讲习师和讲习员280人。建设残疾人集中托养中心，累计托养115人。通过“互联网+健康扶贫”平台，指导乡镇卫生院对入住残疾人进行康复评估和康复治疗，实现“一人托养，一户脱贫”。截至2019年4月底，通过互联网分级诊疗平台已为贫困患者累计会诊2.96万人次，县乡村三级医生走村入户巡诊114.4万人次，全县因病致贫返贫的3 035户7 527人实现脱贫。

# 创新“互联网+健康扶贫”模式<br>破解因病致贫返贫难题

河南省驻马店市平舆县贯彻落实习近平总书记关于扶贫工作的重要论述，创新“互联网+健康扶贫”模式，实现互联网与医疗服务深度融合，推动优质医疗资源下沉基层，有效破解因病致贫返贫难题。截至2019年4月底，通过互联网分级诊疗平台已为贫困患者累计会诊2.96万人次，县乡村三级医生走村入户巡诊114.4万人次。

## 运用互联网 让健康扶贫更智慧

平舆县构建起“一纵一横四个数据库”健康扶贫体系，打通医疗资源壁垒，探索健康数据的深度运用，让健康扶贫更加智慧、便捷与精准。

“一纵”即构建三级诊疗平台。通过政府购买服务，开发“互联网+健康扶贫”信息系统，建立县级医院、乡镇卫生院和村卫生室三级互联网诊疗平台，实现医疗机构分诊畅通、数据联通、资源融通。一是建立县级“互联网+健康扶贫”服务中心。中心通过互联网向下联通至19个乡镇卫生院、224个村卫生室，向上联通至北京、郑州多家医院，主要开展远程会诊、远程检验、远程教学、康复指导等医疗服务。二是乡镇卫生院建立服务站。站内设协同会诊室，科室设服务平台，乡镇就诊病人可直接与县级专家面对面进行视频会诊。病人影像、心电、生化检查情况可通过平台直接上传，共享检查结果，避免重复检查。三是村卫生室建立服务点。村医能熟练使用协同会诊平台，随时

/ 平舆县服务中心为贫困户开展远程会诊服务

呼叫县级在线专家协同会诊，共同制定治疗方案。县人民医院等 4 家县级医院每天安排专家在线值班服务，乡镇卫生院或村卫生室向县服务中心提出会诊申请后，值班医生在 10 分钟内做出回应，延迟回应或无效回应情况与医生绩效考核挂钩。三级诊疗平台使贫困群众足不出村就可享受更优质的诊疗服务。

“一横”即推进县内就诊“一卡通”。为打通县内横向信息孤岛，县政府投入专项资金，开发软件，配备自助查询一体机等硬件设备，实现全县范围内跨职能部门、跨区域、跨医疗卫生机构的健康信息、就诊信息共享和一卡通用。群众在县内任何一家医疗机构使用身份证就可以挂号就诊、检查检验、查询信息等，极大地方便了群众就医。

“四个数据库”即建立完善健康扶贫动态管理数据库、居民电子健康档案数据库、医生信息数据库、慢病人群数据库。一是建立健康扶贫动态管理数据库，包含全县建档立卡因病致贫返贫人员基本信息、病种信息、治疗方案等，确保精准到人、精确到病。二是建立居民电子健康档案数据库，记录全生命周期健康信息。已建立 95.7 万份电子健康档案，建档率达 93.5%。三是建立全县医生信息数据库，包括基本信息、专科擅长、签约服务情况等，乡村医生网络会诊可随时查阅医生信息。四是建立慢病人群数据库。利用“协同大夫”手机软件的慢病筛查功能，对病人的 22 项身体指标进行比对，筛查出低危、中危和高危人群，做到分类施策、早诊早治。截至 2018 年底，已筛查 3.3 万例，其中 6 000 余例高危人群及时得到诊断和治疗。



## 创新签约巡诊　让健康扶贫暖民心

平舆县成立由 332 名县医、127 名乡医、708 名村医组成的巡诊队伍，签约帮扶贫困户，主动下沉农村访贫治病，温暖人心。

一是实行贫困户与医生“1+3”分级签约服务。对全县贫困户逐人体检建档，每名贫困户按病种、区域等，分别结对签约一名县级专家、一名乡镇全科医生、一名村医。签约医生提供康复咨询、体检、访视等服务。二是开展定期巡诊服务。签约医生定期到签约对象家中或村里巡诊。村级医生每个月上门巡诊一次，乡级医生每两个月巡诊一次，县级医生组成团队分病种半年深入农村巡诊一次。为巡诊医生配备巡诊车、便携式彩超、心电图机、血糖仪等，巡诊医生利用“协同大夫”手机软件记录、更新患者康复情况，调整治疗方案，对疑难问题及时上传，由县级专家进行在线指导或预约转诊。在平舆县广大乡村，巡诊医生穿着白大褂、背着巡诊箱走村串户成为一道靓丽的风景。庙湾镇大杨村 68 岁贫困户老人说：“医生经常到家里问寒问暖，量血压送药品，党和国家这么关心，让我感动得没法说。”东和店镇卫生院医生李锋身患绝症还主动签约张赵、前楼两村 441 名贫困患者，自己病情恶化期间依然坚持巡诊，用生命践行了一名共产党

平舆县巡诊服务团队在贫困村为贫困户开展巡诊服务

员的铮铮誓言。2018 年，李锋被评为首届“河南最美医生”并荣登“中国好人榜”。

## 延伸服务体系　织密健康扶贫保障网

平舆县将健康扶贫的工作链条向“治未病”延伸、向重残托养延伸，织牢织密健康扶贫保障网。

一是强化健康教育重防病。建立了县乡村三级新时代脱贫攻坚讲习所，把健康教育纳入讲习内容，配备兼职健康讲习师和讲习员共 280 人。2018 年开展健康讲习活动 3 000 多场次，受众达 40 多万人次。推行“双处方”制，医生在坐诊和巡诊时，开具药方的同时开出“健康处方”，向患者普及防病知识。

二是完善医疗救助体系，缓解贫困群众看病贵难题。县内出台“四免三提高两兜底一补偿”医疗救助政策，并对 21 种重大疾病、白内障和强直性脊柱炎患者进行集中救治。县内贫困患者实际报销比例平均达 90% 以上。2017 年以来，医疗救助贫困人口 17.7 万人次，财政补偿 2 379.4 万元。

三是建设残疾人集中托养中心，为特困家庭减包袱。依托乡镇卫生院，全县建设 7 个重度残疾人集中托养中心，累计托养 115 人。通过“互联网 + 健康扶贫”平台，指导乡镇卫生院对入住残疾人进行康复评估和康复治疗，实现“一人托养，一户脱贫”。从

/ 平舆县巡诊服务团队与贫困户签订“1+3”协议，使每户贫困户拥有县乡村 3 名签约医生

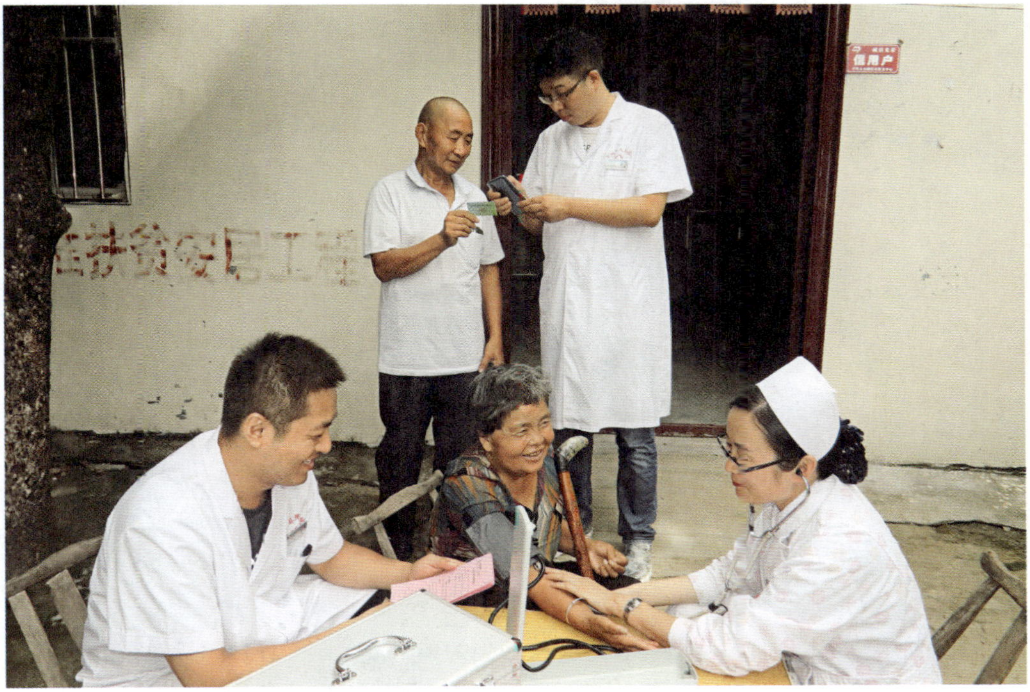


/ 平舆县签约医生到贫困户家中巡诊

贫困户中选聘护工，实行专业化护理，既解决了重度残疾人护理问题，又解决了贫困户就业问题。

## 完善工作格局　让效果更可持续

经过三年多有效探索，平舆县初步构建起规范化、标准化、制度化、信息化的“互联网 + 健康扶贫”工作格局，激发了各主体内生动力，让效果更可持续。

一是群众得实惠。“互联网 + 健康扶贫”促进优质医疗资源下沉，贫困群众足不出村就可得到更好诊治。全县因病致贫返贫的 3 035 户 7 527 人实现脱贫。二是医院得发展。通过构建互联共享的三级医疗服务体系，医疗机构改善了条件，提升了服务水平。全县县级医院可治疗病种达 3 680 种，县内就诊率 89%，基层首诊率 65%，乡镇卫生院门诊量同比增长 79.9%。实施乡镇卫生院提升工程、村卫生室提质工程，新建和改造 10 家乡镇卫生院门诊病房大楼，对 206 个村卫生室全部进行达标改造。强化村医业务技能培训，持证在岗村医 792 人实现行政村全覆盖。三是医生得提升。广大医生通过视频会诊、交流学习，医疗技术水平得到提高。从“坐堂行医”到“走村入户”，县乡村医生更是赢得群众的亲近和信任，病源增加，与群众的感情更加深厚。万金店镇卫生院年轻医生李珍第一次巡诊来到一个贫困户家中，大娘哭着说：“这么冷的天儿，

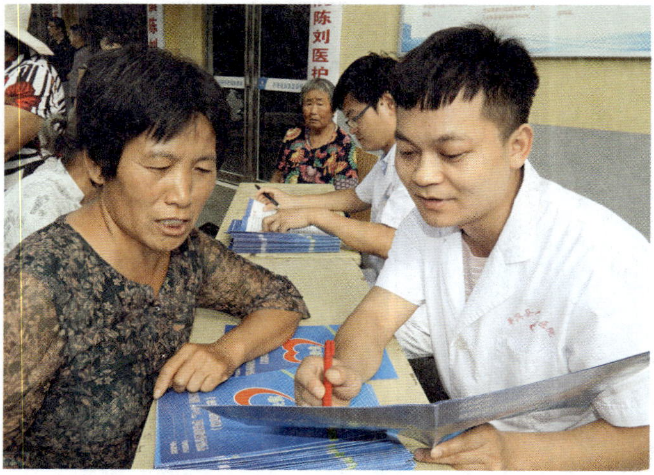

/ 平舆县巡诊服务团队与贫困户签约

谢谢你们来看我，要不是你们来我就断药了。”李珍说：“我也感动得哭了，他们需要我，我就是再辛苦也值得。”四是政府得民心。在健康扶贫一线，广大医生询病问诊时佩戴党徽、挂起“党的温暖在基层”横幅，真正把党的关怀送到千家万户，送进贫困群众心里。2018 年 8 月，河南省健康扶贫三年攻坚工作推进会暨健康扶贫规范化标准化制度化建设现场会在平舆县召开；11 月，国务院扶贫办在海口举办全国健康扶贫培训班，平舆县做典型发言；12 月，国家卫生健康委在郑州举办健康扶贫专题新闻发布会，介绍平舆经验。2019 年 3 月，平舆县被列为第一批全国强直性脊柱炎健康扶贫工程试点县。中央、省级主要新闻媒体多次深度报道平舆做法。平舆县“互联网 + 健康扶贫”模式为打赢脱贫攻坚战、攻克扶贫硬骨头提供了有益的探索与借鉴。

（照片拍摄：王现超）

**湖北省扶贫投资开发有限公司** 作为全省易地扶贫搬迁项目省级投融资主体，始终坚持“搬得出、能脱贫”一个主旨，全力发动“产业扶贫＋新型城镇化建设”两个引擎，建立健全扶贫资金“投、管、收”三个全链机制，着力提升“归属感、安定感、认同感、幸福感”四个指数。每笔专项资金的拨付都有一套规范严密的流程和完整的监管机制，做到“没有出现一笔资金违规违纪”。把帮助贫困群众‘挪穷窝’“换穷业”作为工作的最高追求，坚持一切从基层实际出发，足迹遍布全省各易地扶贫搬迁项目县。共投放资金423.78亿元，保障66个县1.15万个易地扶贫搬迁安置点建设，助力30.24万个家庭87.7万名易地扶贫搬迁群众实现幸福安居梦。

# 勇担“易迁”大使命　搬出群众好生活

湖北省扶贫投资开发有限公司（简称湖北扶贫投）作为全省易地扶贫搬迁（简称“易迁”）项目省级投融资主体，始终坚持“搬得出、能脱贫”一个主旨，全力发动“产业扶贫＋新型城镇化建设”两个引擎，建立健全扶贫资金“投、管、收”三个全链机制，着力提升“归属感、安定感、认同感、幸福感”四个指数。湖北扶贫投连续两年被湖北省易地扶贫搬迁工作领导小组评为先进集体，湖北省扶贫资金整合和扶贫体制机制创新工作走在全国前列。

## 新平台：聚合资源挑重担

精准扶贫，决胜2020。

2015年11月27日，习近平总书记在中央扶贫开发工作会议上强调，新时期要实施易地搬迁等“五个一批”工程，到2020年我国现行标准下农村贫困人口实现脱贫，贫困县全部脱贫摘帽。

湖北省易地扶贫搬迁量约占全国任务总量的10%，时间急迫、筹资量大、点多面广、责任重大，任务十分艰巨。

湖北省委省政府率先响应，决定以承担全省棚户区改造投融资任务的湖北省长江产业投资集团（简称湖北长投集团）为主体，成立湖北扶贫投，通过“政府引导＋市场主导”，为打赢脱贫攻坚战提供资金保障。

/ 湖北扶贫投工作组考察易地扶贫搬迁安置点配套基础设施

湖北长投集团不讲条件、不计代价，以脱贫攻坚为己任，以融资和监管为主业，着力在体制机制创新上做文章，全力聚合资源。

战略上“双轮驱动”。

以湖北长投集团为主体，将推进城市棚户区改造和农村易地扶贫搬迁改造两项业务进行战略集成、统筹规划、一体推进，是湖北扶贫攻坚工作的一大创新，为“易迁”工作的快速推进整合了资源和力量。

从短期看，实施城镇化业务与扶贫业务“一门两牌”管理模式，一方面，利用现有的组织架构、人财物资源，湖北长投集团一周时间就搭建了湖北扶贫投的基本框架；另一方面，通过将棚户区改造市场化的投融资模式借鉴运用到易地扶贫搬迁领域，避开了很多弯路。2016 年 1 月，湖北扶贫投注册成立 10 天后，就完成对 57 个“易迁”项目县投放资金 97.5 亿元。

从长远看，在源头上用新型城镇化理念，统筹谋划“易迁”安置区建设、运营和发展，将有效推进城乡一体化协同发展。

资金上“两手发力”。

争取省财政 97.5 亿元地方政府债券资金；争取与国开行、农发行签订“易迁”贷款协议，取得专项长期贷款授信 365.5 亿元。

管理上“两级联动”。

按照省负总责、市县落实的要求，湖北扶贫投与所有项目县市扶贫投资实施主体在制定制度、合同体系以及资金管控等方面联动，共同构建高效的资金运行模式；在资金使用、资金结余动态管理等方面建立畅通的信息反馈联动机制，共同抓好落实。

## 新机制：防控风险保安全

易地扶贫搬迁资金量大、政策性强、社会关注度高，湖北扶贫投做到了“没有出现一笔资金违规违纪”。

在扶贫资金“零风险”的背后，湖北扶贫投始终坚持“单独建户、物理隔离、封闭运行、台账管理、精细核算”的专款专用原则，探索建立扶贫资金“投放、管控、偿还”全链条合同体系和运行机制。

每笔专项资金的拨付都有一套规范严密的流程。在资金投放时，必须认真评估项目规模及资金需求，严格审查县级主体公司资格、提款及还款要件，签订资金监管协议。“并不是每次申请都能顺利通过。”湖北扶贫投负责人在讲述项目审定的经历时说。

每笔专项资金的使用都有一套完整、全覆盖的监管机制。对县级实施主体实行动态跟踪，建立健全台账体系，进行分类统计分析，不定期组织对项目县资金使用管理工作进行调研和回访检查，实时监督专项资金流向。

连续奋战一个多月，湖北扶贫投工作人员周燕等跑遍大别山和武陵山区扶贫片区。他们用脚丈量着各个扶贫建设项目，检查与规范资金使用情况，挨家挨户核实“易迁”

/ 湖北扶贫投工作组考察易地扶贫搬迁安置点主体工程

房，精准监督资金使用。

每笔专项资金都明确了还款来源，主要是落实城乡建设用地增减挂钩结余指标在省内统筹交易筹资用于还款，已累计还款 75.55 亿元。

## 新模式：产业扶贫断穷根

“从穷山沟搬到‘香菇小镇’，不仅能住新房子，发展香菇产业也很便利。”“易迁”户陈少华说。

陈少华是十堰郧阳区“香菇小镇”“易迁”安置点 4 400 户中的一员。“香菇小镇”是全省最大的易地扶贫搬迁项目，由扶贫安置区、香菇产业基地、袜业车间三部分组成。

香菇产业基地总占地 1 000 亩，带动安置区搬迁群众发展香菇 1 000 万棒，实现户均年增收 2 万～3 万元。袜业车间安排了安置户 3 000 人就业。

湖北扶贫投作为全省“易迁”工程资金保障的唯一平台，通过为“香菇小镇”解决住房和配套基础设施、公共服务设施、园区配套设施等建设资金，创造产业扶贫沃土，带动社会资本，合力形成了“龙头企业 + 合作社 + 基地 + 农户”产业式的郧阳精准扶贫新模式。同时，原有的土地纳入全县土地指标，今后还可以通过用地指标的出让来获得收益。

湖北扶贫投在“谋长远”的实践中，初步形成了“三步走”战略：第一步，推进“产业扶贫 + 新型城镇化建设”战略；第二步，探索产业扶贫新路径；第三步，走出长江经济带绿色发展之路。

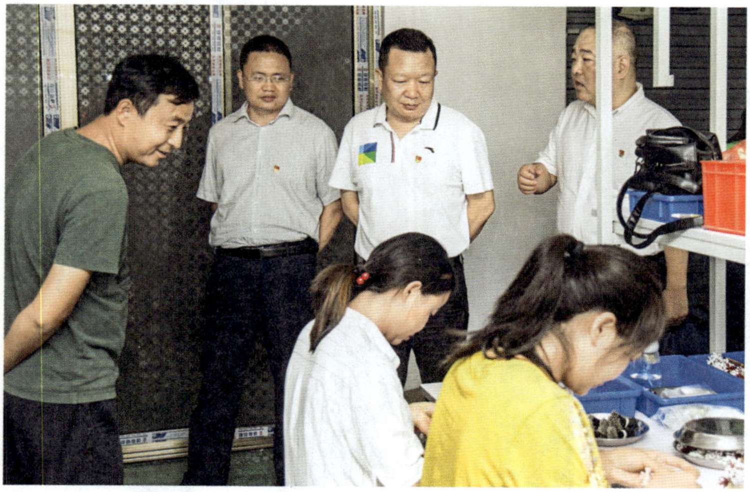

/ 湖北扶贫投工作组调研安置点扶贫车间生产情况

2019 年初，湖北扶贫投在武汉市新洲区开始推进田园综合体试点项目，打造集农业科技、生态康养、智慧文旅于一体的“都市桃花源”，得到当地百姓的普遍欢迎和积极响应。项目建成后，预计可吸纳超过 5 000 名贫困群众就业。

## 新希望：全面小康不掉队

/ 湖北扶贫投工作组走访帮扶贫困户

易地扶贫搬迁由政府主导、社会参与，搬迁群众才是主角，搬的是人心，扶的是民心，强的是党心，最终的落脚点就是要让群众有归属感、安定感、认同感、幸福感。

湖北扶贫投坚持把帮助贫困群众“挪穷窝”“换穷业”作为工作的最高追求，坚持一切从基层实际出发，足迹遍布全省各“易迁”项目县，平均每天就有一名专业技术人员在项目一线，从快将资金足额拨付至项目县，迄今没有一个项目县、一个安置点和一户“易迁”家庭因为资金问题而影响项目建设进度。

宜昌秭归郭家坝镇西坡村沙林子集中安置点，一排排白壁青瓦的房屋错落有致，上千平方米的休闲广场中央，一口景观池清水微漾。这是湖北扶贫投建设的“易迁”房，涉及 28 户“易迁”户，王凤英一家就是其中的一户。

王凤英说，政府不仅给大家盖了房子，还在屋后划了两分园田，为每户统一修建了 15 平方米的标准猪栏。“我老公在本地搞装修，我加入了红白理事会帮厨队，再也不用因为出去打工让孩子当留守儿童了。”王凤英笑道。

“人搬进来了，心也搬进来了。”王凤英有了归属感、安定感。2018 年，王凤英家收入超过 5 万元，甩掉了“贫困户”的帽子！

由散居到聚居，从平房到楼房，从院子到社区……，搬到易地扶贫搬迁安置点的群众有了越来越强的认同感，搬迁点发生了一件件喜事。

2018 年元旦，恩施州宣恩县高罗镇黄家河易地扶贫安置小区张灯结彩，热闹非凡，36 岁的“易迁”户石志泽和来自武汉的 23 岁新娘姜宝花喜结连理，举办了一场热闹的结婚典礼。

2019 年 5 月，中央广播电视总台纪录片《一路走来》摄制组来到恩施州巴东县罗溪坝。镜头里，罗溪坝已经建设成一个美丽乡村，花卉绿植、娱乐设施应有尽有。在扶贫工厂，工人们各个喜笑颜开，他们就来自附近的扶贫搬迁安置点。

/ 湖北扶贫投工作组调研大型安置点的扶贫产业情况

最得意的当属37岁的“易迁”户罗其明，他将“易迁”房变成婚房，迎娶了妻子卓莲敏。

一对对新人的幸福感溢于言表，易地扶贫搬迁挪出了活路。

罗其明与石志泽异口同声地说：“感谢党的好政策，感谢政府的帮扶，没想到这么快就安了家，娶了媳妇。”

扶贫攻坚在路上。湖北扶贫投将始终牢记习近平总书记关于扶贫工作的重要论述精神，坚决打好脱贫攻坚战，完成好易地扶贫搬迁资金保障任务，认真履行“政治、经济、社会、生态”责任，为湖北如期全面完成脱贫攻坚任务、全面建成小康社会做出更大贡献，不获全胜决不收兵！

（照片拍摄：罗钟）

**湖南省郴州市宜章县** 始终坚持问题导向，积极探索、创新思路，有效促进脱贫攻坚责任落实、政策落实、工作落实。建立了县、乡、村三级金融扶贫服务中心（站），确保“贷得到、方便贷”。对每一个用贷主体，明确信贷管户员、产业指导员、科技特派员、电商销售员，进行“一对一”服务，负责跟踪信贷资金使用情况、产业项目实施情况，及时帮助解决产业发展过程中遇到的政策、资金、技术、销售等方面的问题，确保“用得好、有效益”。依托自主开发的扶贫小额信贷信息管理系统，进行系统自动预警，确保“还得起、主动还”。创新建立“一站式”结算平台，实现健康扶贫“一揽子政策保障、一张卡看病就医、一站式即时结算、一张单明示待遇”。依托“宜章好人”品牌效应，积极引导各级好人组织参与脱贫攻坚。2018 年全县脱贫摘帽。

# 创新“三招”解难题　换来脱贫新天地

湖南省郴州市宜章县是罗霄山脉片区扶贫攻坚重点县，总人口 65.48 万人，其中建档立卡贫困人口 76 115 人。2018 年实现整县脱贫摘帽，贫困发生率降至 0.87%，满意度达 98.16%。在 2015 年扶贫开发工作考核中排名前列，2016 年、2018 年均获评湖南省脱贫攻坚先进县市区。在脱贫攻坚中，宜章县始终坚持问题导向，积极探索创新，着力打通政策落地的“最后一公里”，在扶贫小额信贷、健康扶贫、社会扶贫工作方面，初步形成了可复制、可推广的经验。

## 第一招：实行“三级平台 + 四员服务 + 五步法”，扶贫小额信贷“贷”动幸福新生活

2015 年 5 月，宜章县在推进扶贫小额信贷工作之初遇到两大难题：一是金融机构担心收不回，不敢贷；二是贫困户担心还不起，不愿贷。半年多时间，全县总共才投放 200 多万元。为此，当年 11 月县里成立了以县委书记任组长的金融扶贫工作领导小组，围绕“贷得到、用得好、收得回、可持续”，扎实推进该项工作落地落实。具体做法有四点。

一是打造“三级”服务平台，确保“贷得到、方便贷”。建立了县、乡、村三级金融扶贫服务中心（站），县里由县政府分管扶贫工作的副县长任中心主任，负责扶贫小额信贷宣传发动、协调推进和综合管理服务。宜章农商银行将贷款审批权限下放到乡镇

/ 宜章县发放首笔扶贫小额信贷

支行，实行“一站式”业务办理，3 个工作日内即可发放贷款。县财政安排了 4 500 万元的风险补偿金。同时，自主开发扶贫小额信贷管理系统，实行三级信息联通、数据共享、统一调度，切实提升管理服务水平和效率。全县累计投放 4.29 亿元，放贷总量居全省第四位；贫困户获贷率 58.3%，居全省首位。

二是推行“四员”跟踪服务，确保“用得好、有效益”。对每一个用贷主体，明确信贷管户员、产业指导员、科技特派员、电商销售员，“四员”进行“一对一”服务，负责跟踪信贷资金使用情况、产业项目实施情况，及时帮助解决产业发展过程中遇到的政策、资金、技术、销售等方面的问题。“四员”定期跟踪走访用贷主体，对发现的问题，能够现场解决的现场解决；不能现场解决的，通过系统反馈到县服务中心集中调度、交办解决。全县共有“四员”643 名，为用贷主体解决问题 1 179 个。

三是探索风险防控“五步法”“四提前”，确保“还得起、主动还”。依托自主开发的扶贫小额信贷信息管理系统，根据用款主体贷款到期时间、生产经营状况、盈利能力等，按红、黄、蓝、绿四个等级，分别对应 1 天、1 周、1 月、1 季的时间段，进行系统自动预警。乡镇和放贷银行根据预警情况和“五步法”（第一步宣传提醒到位，第二步全面排查预警，第三步及时化解风险，第四步合理缓释风险，第五步分类处置逾期），采取“四提前”工作措施，即对绿色预警的，提前 90 天走访用贷主体，提醒做好还款准备；对蓝色预警的，提前 30 天走访用贷主体，指导制订还款计划；对黄色预警的，提前 7 天走访用贷主体，督促落实好还款资金；对红色预警的，提前 1 天确认资金到账情况，确保到期贷款按期收回。全县累计收回贷款 2.92 亿元，其中贫困户主动用现金还款 2.87 亿元，占 98.3%，贷款逾期率为零。

四是落实“四个持续”要求，确保“可持续、稳增收”。县委县政府积极探索产业发展可持续、群众收益可持续、政策支持可持续、内生动力可持续的长效机制，明确在脱贫攻坚期内，扶贫小额信贷及续贷、展期各项政策保持不变，已经还清扶贫小额贷款且已享受 3 年财政贴息政策的贫困户，符合再次贷款条件的，可以继续申请扶贫小额贷款。全县共有 320 户贫困户办理再贷款 1 250 万元。全县每年开展金融扶贫信用户、信用企业、信用乡镇评选表彰活动，并将评比结果作为增减贫困户评级授信等级和授信额度、安排涉农资金的重要依据。对按期归还贷款的贫困户按贷款额度的 2%、带贫主体按贷款额度的 5‰予以奖励。

## 第二招：创新“四个一”大数据管理机制和“一站式”结算模式，打通健康扶贫政策落地的“最后一公里”

在推进健康扶贫工作中，为了解决部分政策碎片化、医疗报账程序繁杂等造成贫困患者获得感不强的问题，2017 年 9 月，宜章县依托城乡居民医保信息系统，创新建立“一站式”结算平台，实现健康扶贫“一揽子政策保障、一张卡看病就医、一站式即时结算、一张单明示待遇”。2018 年 8 月初，宜章县健康扶贫“四个一”大数据管理机制和“一站式”结算模式在湖南省全面推广。

/ 贫困户养殖喜获丰收

一是为了解决贫困户看病贵的问题，实行“一揽子政策保障”。把人社、民政、保险、财政等各相关部门的基本医疗、大病保险、扶贫特惠保、

/ 扶贫茶园

民政医疗救助、民政生活补贴、医疗减免、财政兜底等健康扶贫政策有机整合在“一站式”结算系统内运行，实行电脑自动计算、一个平台结算，做到应报尽报。

二是为了解决贫困户住院难的问题，实行“一张卡看病就医”。通过开设结算专户，各相关部门将报销资金预拨划入专户，与报账窗口单位实行统一结算，贫困群众到县内定点医疗机构住院，可享受先诊疗后付费政策，只需出示身份证，便可办理住院手续。

三是为了解决贫困户报账难的问题，实行“一站式即时结算”。在县内医疗机构和城乡医保服务中心设置健康扶贫“一站式”结算窗口，统一运用“一站式”结算系统，分别为在县内、县外住院的贫困患者办理业务，出院时只需凭出院证，便可在健康扶贫“一站式”结算窗口交纳个人自付部分，整个结算过程不到一分钟。

四是为了解决贫困群众获得感不强的问题，实行“一张单明示待遇”。通过一张报销单明白展示各项政策享受情况，以及与非贫困户享受政策的对比情况，有效提升了贫困群众的满意度和获得感。

在实施“四个一”工作机制的同时，宜章县还投入资金 7 亿多元，新建或改扩建县城区五大医疗卫生机构，全面推进乡镇、村卫生院（室）标准化建设，扎实开展家庭医生签约服务，使贫困群众“小病不出乡、大病不出县”。贫困群众县内就诊率达 93.7%，实际医疗费用报销比例达 85% 以上。

## 第三招：发挥"宜章好人"品牌效应和示范作用，凝聚社会力量尽锐出战助力脱贫攻坚

宜章县依托"宜章好人"品牌效应，积极引导各级好人组织参与脱贫攻坚。宜章好人协会在全县 19 个乡镇、265 个行政村（社区）以及 5 个行业部门均建立了好人协会分会（工作站），注册会员达 2.8 万人，形成了广大"好人军团"齐心助力脱贫攻坚的浓厚氛围。宜章好人协会荣获 2017"感动湖南十佳人物"。

一是发挥好人资源优势，积极开展扶贫帮困。自 2016 年好人协会成立以来，全县好人组织积极响应县委县政府脱贫攻坚的号召，主动承担全县 4 个乡镇 17 个村中 749 户贫困户的结对帮扶。2018 年底，由好人协会结对帮扶的贫困户全部实现脱贫，群众满意度达到 99%。好人协会还针对贫困户的个性需求，与县委县政府一道下足"绣花功夫"，大力开展扶贫济困、助学助教等公益活动，并与中国社会扶贫网进行线上线下对接帮扶合作。两年多时间，全县各级好人协会募集善款 2 000 余万元，3 000 多名贫困群众得到帮助。

二是弘扬好人道德风尚，大力倡导乡风文明。好人协会结合全县开展的脱贫攻坚

/ 贫困户大棚种植水果喜获丰收

“五个讲清楚”宣讲活动，组成好人义务宣讲队，每个村级好人工作站相应成立好人基层扶贫讲堂，用身边的典型事例影响乡里乡亲。全县共举办好人基层扶贫讲堂 500 余场，听讲群众达 40 万人次。好人工作站的积极宣讲卓有成效，乡村文明呈现出喜人局面，宜章县连续 6 年被湖南省评为“平安县”。

三是注重好人励志引领，激发贫困群众内生动力。通过好人协会中的创业能人和脱贫典型讲述自己的创业和脱贫故事，激发了一大批贫困户自我发展的内生动力。好人协会中的“养鸡大王”王水生、“种菌大王”黄凤兰、特种养殖大户欧阳红庭等组建了种养产业技术队，通过向贫困户讲述自己的创业故事，并对他们进行产业发展的技术指导，带动 460 多户贫困户发展特色种养产业。浆水乡贫困户欧美丽，从小失去双手，家里 7 口人中有 3 人患有重疾，全家仅靠低保和其丈夫打零工维持生计。好人协会会长谢运良了解情况后，安排欧美丽到自己的公司就业，每个月收入达 3 000 元以上。她脱贫后，主动加入了好人协会，还用自己微薄的工资资助了近 10 户贫困户。全县已有 2 974 名贫困群众加入好人协会，实现了从受助者向助人者的转变。

（照片提供：湖南省郴州市宜章县扶贫开发办公室）

**广东（佛山）对口凉山扶贫协作工作组** 在工作模式、方法、机制等方面努力创新，成效显著。优中选优派遣干部，常驻凉山州人员达 75 人。探索形成扶贫协作“一核多极、合力并进”的工作模式，通过高度统领、严格管理，使扶贫协作工作有条不紊、高效推进。2018 年通过政府组织向佛山成功输出劳动力 5 718 人，其中建档立卡贫困户 6 159 人。2018 年广东投资者在凉山注册落地 24 家企业，实际投资额逾 14 亿元，落地的产业项目带动性强、关联度高、辐射面广，形成发展一个产业、带动一方经济、脱贫一方百姓的多赢局面。2018 年通过“以购代捐”帮助凉山贫困群众销售 1.1 亿元农特产品，发动佛山企业与凉山签订了 4.2 亿元农特产品认购协议。投入 37 142.5 万元，在凉山州 11 个贫困县援建 58 个安全住房安置点，共 4 243 套住房。

# 勇担当　善开拓　争创东西部扶贫协作示范

广东（佛山）对口凉山扶贫协作工作组（简称工作组）以强烈的使命感、责任感，创新工作模式、方法与机制；以主人翁精神融入凉山，与凉山干部群众打成一片，务实进取、奋力开拓。广东（佛山）对口凉山扶贫协作工作连续在 2017 年度、2018 年度全国东西部扶贫协作考核中获得“好”的等次并名列前茅。

## 高度统领　组织运转严谨高效

佛山市共派出 75 名同志常驻凉山州，其中党政干部 29 名，教师、医生 46 名。工作组作为佛山市委市政府派驻凉山的全权代表，勇于挑起统管统领的担子，结合实际大胆创新，独辟蹊径地探索形成了“一核多极、合力并进”的工作模式。“核”是指驻凉山州府西昌市的工作组本部，“极”是指凉山州 11 个贫困县的各驻县工作小组（每个小组由 2 名党政干部及若干名教师、医生组成）。这种模式有三个显著特点：一是集中办公专司东西部扶贫协作工作。工作组到凉山后不久，根据工作的实际需要，主动与州委组织部沟通，提出挂职干部集中办公的建议并得到支持。工作组本部麻

/ 宣传墙

/ 工作组组织企业考察团到凉山实地对接

雀虽小五脏俱全，集建设办、招商办、宣传办、信息办、后勤办、接待办、督导办“七办”于一身，日常事务十分繁杂，集中办公可以使工作组成员专心开展东西部扶贫协作工作，最大限度地发挥团队合力，各驻县工作小组同时也以东西部扶贫协作为主要工作内容，保证了组织运转高效。二是统一管理所有干部的后勤保障事务。为了做到规范管理、确保高效运转，工作组出台了包含 11 项内部管理规章的制度汇编，75 名驻凉干部的差旅、办公、接待、用车、请休假等各项后勤事务均由工作组本部按规定统一审批、报销。三是统一部署督导各项扶贫协作工作任务。工作组在与佛山、凉山充分沟通的基础上，把每年东西部扶贫协作的各项任务分解到后方、本部及 11 个驻县工作小组，让前后方共同发力、各负其责，并通过工作组全体会议或微信群对各项指标完成情况予以通报、督导，确保统一调度、统一指挥。通过高度统领、严格管理，对口扶贫协作各方面工作有条不紊、高效推进，同志们心往一处想、劲往一处使，形成齐心协力干事的好风气、好局面。

## 政策引导　劳务协作成果丰硕

最初，工作组在推动劳务协作上面临的一个突出问题是，佛凉劳务协作招聘会反应热烈，但实际到佛山务工的人员却较少，稳定就业的更是寥寥无几。2018 年，工作组多次外出取经，创新思路，促成凉山州政府陆续出台了多个政策“加码”文件：给予在佛山务工的建档立卡贫困户劳动力每个月 1 000 元、满 12 个月 12 000 元的稳岗就业补助；对每成功发动一人到佛山务工的，给予当地村集体 1 500 元奖励；对首次到佛山就业的劳务人员，一次性派发 1 000 元生活补助；等等。“加码”文件的出台，大大推动了劳务输出工作，对务工人员的稳岗也起到了“定心丸”的作用。2018 年通过政府组织向佛山成功输出劳动力 6 718 人，其中建档立卡贫困户 6 159 人，是 2017 年的 11 倍多，稳岗率达到七成。工作组出色完成了上级下达给佛凉两地的劳务输出任务。

## 奖补助力　产业合作遍地开花

为突破由于产业配套及运输成本等因素导致广东投资者落地凉山信心不足的困局，2018 年工作组促成凉山州出台了全国最高标准的奖补政策，对广东投资者在凉山州 11 个贫困县注册落地的企业，按照实际投资额 20% 的标准予以补助支持，单个企业的最高补助可达 600 万元。与此同时，对招收当地建档立卡贫困人口就业的落地企业，还给予每人每月 500 元的用工补助。实施奖补政策的效果显著，2018 年广东投资者在凉山注册落地 24 家企业，实际投资额逾 14 亿元，落地的产业项目带动性强、关联度高、辐射面广。如由佛山蔬菜企业投资的首期占地 1 500 亩的佛凉（昭觉）智慧农业产业园，2018 年带动了 340 名贫困人口就业增收，并辐射带动了当地蔬菜种植业的优质发展，真正形成了发展一个产业、带动一方经济、脱贫一方百姓的多赢局面。

/ 工作组组织侨商企业到凉山考察产业合作

## 多措并举　消费扶贫成效斐然

以激发贫困群众发展生产、增强脱贫致富内生动力为出发点，工作组与后方密切沟通配合，大力开展助力贫困群众农特产品销售的“以购代捐”消费扶贫工作。一是出台扶持政策，对线上线下采取批发、开设直销店等方式销售凉山农特产品的佛山商家予以资金补贴，包括对展销店予以每平方米 1 000 元装修补助、对企业实行销售额 3% 的奖励补助等，促进两地产销对接。二是在佛山各类展会、美食节设立大凉山农特产品专馆，已举办各类大型集中销售活动 20 余场次，销售大凉山农特产品 420 余万元，大大提高了凉山农特产品在佛山的知名度。三是积极发动佛山市各级机关、企事业单位、采购商、广大市民支持凉山农特产品“以购代捐”活动。2018 年，佛山市总工会动员各级工会采购逾 1 000 万元的凉山农特产品“爱心扶贫礼包”。四是推动在佛山开设 30 家凉山农特产品展销店、专柜，11 家凉山畜牧产品批发店、加盟店，同时发动各电商企业上线凉山农特产品 100 多种，受到佛山市民欢迎。通过多种渠道共同发力，2018 年通过“以购代捐”帮助凉山贫困群众销售 1.1 亿元农特产品，带动贫困人口 797 人脱贫。此外，还发动佛山企业与凉山签订了 2018—2020 年的 4.2 亿元农特产品认购协议。

/ 工作组在佛山援建新村召开坝坝会，与当地干部群众共话脱贫攻坚

/ 工作组在盐源县住房项目建设点督导安全住房建设

## 立体帮扶 援建新村全面发展

凉山州脱贫攻坚战中遇到的最大问题是贫困户的安全住房问题。2016—2018 年，广东（佛山）共投入 37 142.5 万元，在凉山州 11 个贫困县援建 58 个安全住房安置点，共 4 243 套住房。在建好房子的基础上，工作组开展了多渠道、多维度的综合立体帮扶，让入住援建新村的贫困户真正做到“搬得出、稳得住、能致富”。一是对援建新村进行村集体经济引导和援助，2018 年安排 932.4 万元援助资金支持援建新村发展集体经济项目，在集体经济得到发展的同时，又为当地贫困户增加了就业岗位、提升了劳动技能，切实增强了内生动力及发展后劲。二是将所有援建新村纳入村村结对、村企结对范围，发动佛山的富裕村、优质企业与援建新村结对，在产业发展基金支持、贫困大学生助学、富余农产品销售、富余劳动力就业等方面给予鼎力支持。三是扶贫与扶智相结合，实施援建新村“领头雁”计划，组织各方专家精心安排课程，培训援建新村第一书记 139 名、致富带头人 1 238 名，切实抓好援建新村“领头雁”的综合素质提升，为带动村民脱贫奔小康打下坚实基础。四是广泛动员社会力量开展帮扶，整合爱心资源，为入住援建新村的贫困户配备家电三件套（电饭煲、电磁炉、电水壶），为贫困家庭大学生提供助学支持。同时，还开展捐赠家具、瓷砖，修建自来水管网，新建幼儿园以及建设集体畜圈等多项帮扶工作。佛山援建的新村——昭觉县特布洛乡谷莫村荣获 2018 中国最美村镇“精准扶贫典范奖”。

## 集中优势　组团帮扶广受好评

/ 工作组组织企业来凉山开展劳务招聘会

工作组根据凉山所需，结合实际积极探索开展教育、医疗组团式帮扶工作，效果良好。经与凉山州有关部门会商，选定盐源中学、喜德人民医院作为组团式帮扶点，精选8名优秀教师、6名医疗专家分赴两个单位。在盐源中学采用以信息技术深度融合的“1+1”主体建构课堂教学模式，促进教学质量和学生综合素养的提升。在喜德人民医院，主要从“拓、补、带”上下功夫，拓展产科和骨科业务范围、填补一批专科技术空白、带出一支技术队伍。此外，佛山市还不定期派遣优秀教师和医疗团队到盐源中学、喜德人民医院进行指导交流，并接收两个单位的行政人员、业务骨干等到佛山的重点学校和三甲医院挂职、跟班学习，倾力为帮扶单位培养骨干、接班人，合力推动组团式帮扶深入开展。开展组团式帮扶以后，盐源中学“佛山班”取得年级第一的好成绩，在当地学校掀起一股教学改革的热潮。喜德人民医院各临床一线科室的医疗技术水平明显提升，特别是产科、骨科业务范围得到了有效拓展，眼科、放射科等专科填补了一定的技术空白，受到当地同行的赞誉及广大患者的好评。

［照片提供：广东（佛山）对口凉山扶贫协作工作组］

**广西壮族自治区残疾人联合会教育就业部** 创新实施“阳光助残扶贫基地”项目，开拓了帮助残疾人发展产业脱贫的新路子。全区共建成自治区级阳光助残扶贫基地116个，基地扶助残疾人的类型分为集中安置型、辐射带动型和复合型，扶持覆盖面广、帮扶模式新、基地力量强。项目实施以来，广西壮族自治区财政共投入1.81亿元，帮助贫困残疾人9万多人，普遍实现了收入提高、劳动技能提高、生活水平提高，人均年增收4 000元以上，共增收3.6亿元以上。“阳光助残扶贫基地”项目已成为广西壮族自治区农村贫困残疾人扶贫开发工作的重要载体，成为帮扶农村贫困残疾人选择产业、提高能力、发展生产、实现脱贫致富的重要平台，是实现农村贫困残疾人同步奔小康的有效途径。

# 阳光照耀助残脱贫攻坚路

这是一个平台。让身残志坚的贫困残疾人也能拥有自力更生、改变命运的舞台。

这是一种力量。打破对残疾人“输血式扶贫”的传统模式，转变为可持续的“造血式扶贫”创新模式，着力培育贫困残疾人“拔穷根”“奔小康”的强大内生动力。

这是一个港湾。汇聚对贫困残疾人的倾情关爱，让残疾人的获得感、幸福感、安全感弥漫心间。

这是一个梦想。凝心聚力决胜残疾人脱贫攻坚战，实现“全面建成小康社会，残疾人一个也不能少”的奋斗目标。

这，就是广西壮族自治区残疾人联合会教育就业部（简称教育就业部）创新实施的“阳光助残扶贫基地”项目。

/ 芒果种植专家莫文珍（左二）在百色市田阳县阳光助残扶贫基地向残疾人传授芒果种植技术

在脱贫攻坚战中，教育就业部以习近平新时代中国特色社会主义思想为指导，持续提高政治站位，不忘初心，牢记使命，立足部门职责，紧紧围绕工作基点——扶贫、社会保障、教育、就业、托养，以精准为根本点，

/ 中国残联领导在河池市东兰县阳光助残扶贫基地为残疾人发放猪苗

以产业为着力点，以创新为突破点，以发展为落脚点，破解残疾人脱贫攻坚工作中的难点、重点，全力以赴打赢残疾人脱贫攻坚战。

教育就业部在全区创新实施的“阳光助残扶贫基地”项目，注重创新扶持资金“供血”机制，增强持续“造血”功能，共帮扶贫困残疾人 9 万多人，实现了残疾人可持续、长期、稳定脱贫。犹如一道温暖的阳光，照进每一个贫困残疾人的心田，同时也照亮了助残脱贫攻坚之路。

## 阳光喷薄而出——“三位一体”打造扶贫新模式

贫困残疾人是脱贫攻坚中的特殊群体，备受关注。教育就业部以新担当践行新使命，以新作为回应新期盼，以“广、新、强”三位一体创新实施“阳光助残扶贫基地”项目，开拓助残扶贫新路子，打造扶贫新模式，让贫困残疾人走出贫困，迈进新生活。

一是扶持覆盖面广。广西共建成自治区级阳光助残扶贫基地 116 个，基本实现全区每个县（市、区）都建有 1 个基地，每年每个基地安置不少于 50 名残疾人就业或辐射带动不少于 100 名残疾人发展生产。每年“阳光助残扶贫基地”项目约帮扶贫困残疾人 1.2 万人。不管是革命老区、边远山区还是沿海村落，都有“基地阳光”的照耀。

45 岁的梁福添家住河池市宜州区同德乡六桥村，夫妻两人都有残疾，还要照顾两个小孩和一位老人，生活的艰难不言而喻。他们一度承受贫困的煎熬，束手无策。2016 年，梁福添一家迎来了宜州区“阳光助残扶贫基地”项目的曙光。依靠政府的帮助和自己的努力，梁福添 2018 年仅养蚕一项就收入 6.1 万元，再加上种甘蔗、养鱼等，家庭年收入超过 7 万元，彻底走出了困境。梁福添的脱贫故事是“阳光助残扶贫基地”项目扶持的众多残疾人的一个缩影。

二是帮扶模式新。北海市铁山港区南康镇的一家企业里，几名残疾人正在“爱心车间”里专注地工作。50 岁的梁其裕，幼年因罹患小儿麻痹症致残。2018 年底，通过当地政府的残疾人辅助性就业项目，梁其裕来到“爱心车间”工作，从事力所能及的制作手提包配件的活计。该企业的“爱心车间”已安排 7 名残疾人就业，每位残疾人每月有 1 000 元左右的收入，能够达到自食其力。

除了北海，全区各基地都因地制宜建立适合残疾人发展的帮扶模式。如田阳县阳光助残扶贫基地，通过“基地 + 残疾人户”的运作方式带动残疾人发展芒果产业，基地提供技术培训、优质苗木、化肥农药、技术服务并且负责回收商品果，辐射带动残疾人脱贫致富。平果县阳光助残扶贫基地引进构树种植产业，采用构树种植—饲料加工—养殖—销售全产业链和养殖—沼肥—种植的生态循环种植养殖模式，通过“公司 + 基地 + 贫困村（合作社）+ 农户”的扶持模式，兼具集中安置残疾人和辐射带动残疾人作用。田东县阳光助残扶贫基地采取“龙头企业 + 基地 + 残疾户（农户）”的发展模式，依托当地龙头企业带动，实现残疾户的脱贫。

残疾人在百色市平果县阳光助残扶贫基地集中稳定就业

三是基地力量强。全区 116 个基地分为三种类型：集中安置型、辐射带动型和复合型。根据基地类型的特色定位和功能，项目实现就业扶贫与产业扶贫相结合、相促进，凝聚起助残脱贫的强大力量。其中：集中安置型基地 7 个，涵盖了一产、二产和三产，安置就业的贫困残疾人年收入均超过 2 万元；辐射带动型基地 74 个，集中在农业企业，主要产业包括种植果树、花卉以及养蚕、养猪、养鸡鸭等；复合型基地 35 个，为残疾人“量身定制”适合的扶持方式。残疾人通过基地的扶持实现就业，或者通过基地获得发展生产的物资、学习生产技能，从而实现创业增收。

## 阳光点亮希望——“三措并举”收获管理新成效

“阳光助残扶贫基地”项目实施过程中开创了“三措并举”的管理模式，即制定一套完善的管理办法、指导签订两个合同、引入第三方绩效管理评价。

一是制定一套完善的管理办法。自治区残联制定印发《广西壮族自治区“阳光助残扶贫基地”管理办法》《广西壮族自治区“阳光助残扶贫基地”管理办法实施细则（试行）》，明确了基地的条件，类型，审批程序，补助标准，考评与奖励，补助资金的来源、使用范围及管理、监督检查，以及各级残联、扶贫基地的工作职责等，确保“阳光

/ 残疾人在阳光助残扶贫基地学习火龙果种植技术

/ 河池市宜州区阳光助残扶贫基地扶持残疾人家庭打造无障碍蚕房

助残扶贫基地”项目的健康实施。

二是指导签订两个合同。一个是当地县级残联与基地签订的《“阳光助残扶贫基地”补助资金使用协议书》，明确基地与残联之间的责权义务；另一个是基地与受扶持残疾人签订的帮扶协议书，明确基地为受扶持残疾人提供的帮扶内容、帮扶时间、帮扶形式等。

三是引入第三方绩效管理评价。项目资金的使用严格执行有关财务管理规章制度，资金使用高效精准，支出符合程序要求。审批程序完整而严格，项目资金按规定范围使用，严格实行专款专用。“阳光助残扶贫基地”项目纳入自治区财政厅社会保障补助资金项目绩效管理评价。在自治区财政厅组织的第三方绩效管理再评价中，阳光助残扶贫基地均获得优秀等次评价。

## 阳光绽放光芒——“三个提高”开创脱贫新局面

梦想的阳光照进现实，让人倍感温暖。幸福、喜悦和笑容一起在阳光中绽放。

“阳光助残扶贫基地”项目实施以来，帮助残疾人普遍实现了“三提高”，即收入提高、劳动技能提高、生活水平提高，实现了贫困残疾人“能脱贫、稳脱贫”的梦想。

田阳县阳光助残扶贫基地辐射带动周边6个乡镇43个行政村的216户贫困残疾人发展芒果产业，共种植芒果1 000多亩，总增收200万元。

平果县阳光助残扶贫基地安置40名残疾人到基地就业，同时辐射带动基地周边村屯137名建档立卡贫困残疾人参与发展构树种植产业，辐射帮扶的残疾人每年至少得到2 000元的物资援助，残疾人户均增加年收入4 000元以上。

融水县阳光助残扶贫基地——禾花鱼养殖基地每年给基地帮扶的每位残疾人送去苗山金边禾花鱼种苗900尾和鱼饲料25公斤，帮扶残疾人每户每年增收约5 000元。

据统计，“阳光助残扶贫基地”项目实施以来，自治区财政共投入1.81亿元，帮助贫困残疾人9万多人，人均年增收4 000元以上，共增收3.6亿元以上。

万里征程风正劲，千钧重任再奋蹄。广西壮族自治区的残疾人脱贫攻坚工作仍然任重道远。在全面建成小康社会的决胜阶段，面对残疾人脱贫攻坚硬任务，教育就业部将深刻领会习近平总书记关于脱贫攻坚工作的重要指示精神，以“指尖绣花”的巧劲、“燕子筑巢”的恒劲、“蚂蚁啃骨”的韧劲，齐心协力，不负残疾人的期待，让希望的阳光洒满八桂大地，谱写贫困残疾人脱贫攻坚战的壮美华章！

（照片提供：广西壮族自治区残疾人联合会教育就业部）

**广西壮族自治区百色市田东县** 2015 年底，田东县共有贫困村 53 个、贫困户 13 276 户、农村贫困人口 52 109 人，贫困发生率 15.01%。自脱贫攻坚战打响以来，田东县实施“五个创新”：一是创新实施精准宣传为先导、精准识别为基础、精准帮扶为核心、精准监管为保障、精准退出为目标的“五步工作法”，确保脱贫质量经得起历史检验。二是创新完善信贷技术和提供政策性保险产品，强化扶贫金融体系建设。三是聚焦特色产业，调优老产业、布局新产业，有效提升脱贫质量。四是凝聚社会力量，形成扶贫合力。五是创新绩效考评“一票赞成”制度，激励干部冒尖出彩。三年累计减贫 10 984 户 44 143 人，40 个贫困村脱贫出列，贫困发生率降至 2.16%，实现整县脱贫摘帽。

# 创新求突破 精准谋脱贫<br>攻坚路上的“田东实践”

广西壮族自治区百色市田东县是邓小平等老一辈无产阶级革命家打响百色起义第一枪的地方，是广西第一个红色革命政权——右江苏维埃政府所在地。2018 年田东县实现脱贫摘帽，告慰了老区先烈英魂，为百色起义 90 周年献上一份厚礼。

脱贫路上，田东县屡现亮点。农村金融改革得到中央领导表扬，入选“改革开放 40 年地方改革创新 40 案例”。党建促脱贫、易地扶贫搬迁、健康扶贫、民政兜底等获中央有关部委和自治区党委政府充分肯定。

## “五步工作法”确保脱贫经得起历史检验

脱贫攻坚，“精准”是要义。为让“精准”落地生根，田东县创新实施精准宣传为先导、精准识别为基础、精准帮扶为核心、精准监管为保障、精准退出为目标的“五步工作法”，步骤环环相扣。

为落实精准识贫，2015 年选派 1 225 名干部，利用 4 个多月时间入户，确定 53 个贫困村，识别建档立卡贫困户 13 276 户、贫困人口 52 109 人。创新运用动态分类识别方法，将在册贫困户识别为 A、B、C 三类：对 A 类没有劳动能力的，运用低保补助等政策进行兜底保障；对 B 类有劳动能力和劳动意愿的，运用奖补政策鼓励开展特色种养和转移就业；对 C 类有劳动能力但没有劳动意愿的，严格控制享受优惠政策。

为实现精准帮扶，制定党建引领、产业扶贫、就业创业、分类救助、基础建设、资金投入、社会帮扶、脱贫监管、统筹城乡、推进村级集体经济发展等“十大长效机制”，系统推进各项工作。比如，坚持发挥党建引领作用，全县 52 名处级干部到 53 个贫困村与群众同吃同住同劳动，选派 399 名工作队员驻村，安排 7 236 名党员干部入户结对帮扶，实现帮扶全覆盖。开展县镇村三级书记遍访贫困村贫困户行动，确保因村、因户、因人施策。又如，建成 6 个易地扶贫搬迁移民安置点，完成搬迁 3 671 户 15 234 人，稳步推进后续产业发展、拆旧复垦等工作，58.2% 的搬迁户劳动力已成功转移就业。年近八十的贫困户黄治泰在搬迁入住移民社区后给区市县三级扶贫办写了感谢信。在 2018 年扶贫日系列论坛易地扶贫搬迁平行论坛上做主旨发言，介绍“四加四好”模式。

为确保帮扶出实效，坚持以精准监管为保障，推行县委班子、县纪委班子双重包片制度，综合运用县委巡察、纪检监察及部门审计等多种方式，组织开展农村党风廉政建设“联建同责”活动，加强扶贫工作督查，用严肃执纪问责保证真脱贫、脱真贫。

为实现精准退出，坚持民主评议、逐户核实、双向确认、公示公告程序，贫困户能不能脱贫由群众说了算、由民众评议说了算，并邀请“两代表一委员”和新闻媒体记者参与评价，务求做到公平、公正、公开，群众普遍表示满意。

## 开创全国扶贫金融体系建设先河

田东县以信用体系为核心，试点建立组织、信用、支付、保险、担保和服务“六大金融服务体系”，有效破解融资难、融资贵问题。

针对大石山区农村交通不便、金融机构网点覆盖率低、金融信息不畅的问题，先后引进、支持成立各种金融机构，并在全部行政村设立“三农金融服务室”。目前，全县拥有银行业金融机构 9 家、非银行业金融机构 19 家、银行网点 48 个。

对贫困户采取淡化经济指标、着重诚信指标的信用评级方式，2016 年以来，累计完成全县 12 360 户贫困户评级授信工作，授信金额 71 030 万元，实现贫困户信用档案建立和评级授信两个“全覆盖”目标。全县 53 个贫困村先后全部被评为信用村，

/ 田东县祥周镇脱贫模范村优美田园风光

/ 田东县思林镇龙邦村搬迁前

/ 田东县思林镇龙邦村搬迁后

13 276 户贫困农户信息全部录入农户信用信息与精准扶贫管理系统。近三年来，约 5 300 户贫困户获贴息贷款 2.37 亿元，主要用于发展特色种养业。投入 435 万元建立 29 个扶贫资金互助协会或贫困农户发展生产互助协会，为信用等级太低、有贷款需求而又无法通过银行贷款审查的极端贫困户解决短期资金周转难题。

推出甘蔗、香蕉、芒果等 12 个特色农产品自然灾害险险种，政策性农业保险试点范围覆盖所有乡镇。

创新实行“一揽子保险计划”模式，为脱贫攻坚“上保险”。一方面由财政出资为全县所有在册贫困家庭和贫困人口投保家庭财产保险和人身意外伤害保险，防范其因自然灾害或意外事故而返贫；另一方面由政府、保险公司、银行三方共同开发扶贫小额信用贷款保证保险，通过保证保险为贫困户增信，降低和分散贷款风险。

## 产业发展有效提升脱贫质量

田东县始终把立足长远加快产业发展作为脱贫攻坚的重要基础，通过产业发展拉动县域经济，筑牢群众脱贫致富根基。

坚持因地制宜，精准培育扶贫富民主导产业。选准特色产业，实施以奖代补，做到乡镇全部引进农业龙头企业、贫困村全部实现“一村一品”、贫困户全部有主导产业。在河谷地区，深入挖掘“中国芒果之乡”资源禀赋和品牌效应，通过优化农业服务等方

式提高种植效益，2018 年芒果产值比 2015 年增长超 40%，带动 1.1 万人脱贫致富；在石漠化地区和偏远山区，重点发展火龙果、山茶油、猪、鸡等种养业。引进钱记农业循环经济 500 万只蛋鸡扶贫产业园项目，产值预计达 12 亿元，可带动 1 000 户贫困户发展生态鸡养殖。

坚持市场导向，促进一二三产业融合发展。为拓展芒果等特色农产品的销售渠道，引进阿里巴巴、京东等龙头企业，推动“公益中国”上线专柜，打造电商一条街，成立田东电子商务协会，与物流企业合作降低成本。2018 年，线上销售芒果约 2 亿元，比三年前增长 10 多倍；以农派三叔为代表的本土电商企业给予贫困户的收购价比市场价每斤高出 0.2 ~ 0.5 元，有力促进农民增收。

坚持成果共享，稳步提升农户和村集体收入。创新探索利益联结机制，引导各类市场主体以入股分红、雇佣劳动等多种方式共享收益。比如，思林镇定阳火龙果种植专业合作社通过“土地 + 扶贫资金入股”向村集体和村民分红，每年雇用约 200 人，各方面积极性得到有效激发。创新实施联村帮扶制度，整合涉农资金入股产业项目，每个贫困村获得分红 5 万元，解决了村集体经济空白薄弱问题。

## 凝聚社会力量形成扶贫合力

田东县把社会扶贫作为重要推手，充分调动各方面资源，形成全社会参与的大扶贫工作格局。

1997 年起，国家发展改革委定点帮扶田东，把补短板、强基础、惠民生作为重点，先后派出 40 名干部常驻帮扶，安排 7 个司局与贫困村开展党建结对共建，争取 12 大类 1 057 个项目、财政资金支持 21.76 亿元，在发展规划、产业布局、结构调整、智力帮扶、协调资源等方面给予大力支持。

/ 田东县祥周镇中平村蔬菜生产基地

2016 年起，广东省深圳市坪山区对口帮扶田东，省市区三级提供帮扶资金 5 522 万元，实施就业培训、产业、村集

/ 田东县有关领导到贫困户家中解决问题，了解脱贫情况

体经济、医疗卫生、教育等项目 18 个，惠及贫困人口 3 万多人，直接转移就业贫困人口 3 059 人。引进 8 家广东企业，到位资金 9.3 亿元，带动 500 多名贫困劳动力就业。

地处大石山深处的作登瑶族乡，是广西壮族自治区党委办公厅等 7 个区直单位的帮扶联系点。区直单位先后选派 2 名同志担任脱贫攻坚（乡村振兴）工作队队长，派出 2 批 32 名第一书记、6 名工作队员常驻，协调帮扶资金 1 349 万元，帮助 4 个贫困村成立 10 个合作社，实施种养产业项目 20 多个，确保贫困村贫困户有稳定收入来源。

田东县还多渠道引进"社会活水"，推动资源向贫困村集聚。比如，中国扶贫基金会有关领导 60 多次走进田东，发动捐资 2 975 万元，落实帮扶项目 143 个。碧桂园集团与田东签订广西唯一的整县帮扶协议，开展了技能培训、产品销售、捐资助学等多项工作。锦江集团捐助 500 万元教育基金。又如，开展"千企扶千村"暨非公有制企业和商会扶贫统一行动，50 多家民营企业与 53 个贫困村结对子，建成运营"爱心公益超市"12 个，受益群众达 5 万多人。

## "一票赞成"激励干部冒尖出彩

"一票赞成，你赞我赞。一锤定音，事成业成。"这是对田东县绩效考评"一票赞成"制度的写照。

针对年度绩效考评程序烦琐、唯分唯票等问题，探索实行“一票赞成”制度。凡是工作取得重大突破、重大成效的，经验做法在全国全区推广，获全国全区表彰奖励的单位，只要没有“一票否决”事项，直接将单位评为绩效考核一等单位，单位主要负责人年度考核定为优秀，领导干部在提拔任用时优先考虑。

“一票赞成”，校准了绩效考评标尺，鼓励单位和个人冒尖出彩。在强大的正向激励下，单位和个人轻装上阵，心无旁骛地干事创业。三年来，全县近 1 000 名干部因为获得“一票赞成”认定拿到了年度一等奖金，26 名单位主要负责人因“一票赞成”认定被评为年度考核优秀，11 名领导干部得到提拔重用。

“一票赞成”是激励干部改革创新、担当实干的一个缩影。除“一票赞成”外，田东还推行容错纠错、为基层干部减负、开展“乡村振兴 · 争创五旗”流动评比活动等一揽子激励机制。尤其是将村干部的工资和待遇提高 50%，村支书、村主任工资相当于事业单位的一般干部。工资待遇提高了，干事创业的氛围有了，吸引大批优秀大学毕业生、农民工和新乡贤竞选进入村“两委”，为脱贫攻坚、乡村振兴提供了强有力保障。

近三年，田东县累计实现 10 984 户 44 143 名农村贫困人口脱贫，40 个贫困村摘帽，贫困发生率由 2015 年底的 15.01% 降至 2.16%。

（照片拍摄：谢佩霞　农思秋　周金鹏）

/ 充分利用水库库区水面发展光伏项目，带动贫困村增收

**海南省扶贫工作办公室社会扶贫处** 2018年以来，创新工作思路，以“四动四全”为总抓手，创新开展消费扶贫工作。统筹协调海南省供销联社、南海网、海南省商务厅等相关单位，探索将慈善行为与消费行为相结合，以海南爱心扶贫网为线上平台，以“爱心扶贫大集市”为线下载体，创新消费扶贫模式，拓宽了贫困地区农产品产销对接渠道，激发了贫困群众发展生产的积极性，提升了贫困地区农产品供应水平和质量。半年内全省消费扶贫销售总额累计达到7 011.32万元，受益贫困户8.24万户次。

# 以“四动四全”为抓手<br>创新推动海南消费扶贫

打赢脱贫攻坚战是海南建设自由贸易试验区和中国特色自由贸易港的底线目标与第一民生工程。消费扶贫是动员社会力量参与脱贫攻坚的重要途径。2018年以来，海南省扶贫工作办公室社会扶贫处（简称社会扶贫处）经过广泛调研和探索借鉴，以坚持政府引导、社会参与、市场运作、创新机制为抓手，逐步探索出“四动四全”消费扶贫新模式，形成了领导带头、党员紧跟、大众踊跃参与的生动局面，彰显了扶志、扶智和扶技的显著成效，为助力打赢脱贫攻坚战做出积极贡献。仅仅半年时间，全省消费扶贫销售总额就达7 011.32万元，其中线上销售978.44万元、线下销售6 032.88万元，受益贫困户8.24万户次。

## 党政强力推动，实现全保障

推进消费扶贫光靠市场行为不足以形成强大的推动力，只有坚持政府主导推动、保驾护航，才能为消费扶贫输出不竭的动力。为此，社会扶贫处积极出谋献策，推动消费扶贫成为海南省委省政府高度重视的重点工作之一，积极推动消费扶贫深入开展。

一是党委政府全力推进。省委省政府第一时间召开全省消费扶贫电视电话会议，省委有关领导专门做出批示：把好事办好，切忌形式主义，切实防止不正之风的发生。要求各地各有关部门要提高思想认识，创新思路办法，整合社会资源，切实把消费扶贫活

/ 2018年全省消费扶贫大会在海口召开

动组织好、开展好。社会扶贫处据此牵头制定了《关于开展消费扶贫行动的通知》等一系列政策文件及活动方案，在全省范围内大力开展消费扶贫行动。各市县、各定点扶贫单位也相应编制消费扶贫工作计划，作为脱贫攻坚一项必须长期坚持的重点工作抓好落实。

二是激励措施同步跟进。为鼓励各地各单位积极参与消费扶贫行动，社会扶贫处联合相关部门，研究制定激励措施，每月将各市县区及省派定点扶贫单位消费扶贫数据进行汇总比对，作为各级各部门年度绩效考核的一项重要内容和党员干部年度考核、评优评先等的重要依据。同时，通过海南爱心扶贫网定期发布市县消费扶贫成交量排名，作为年度脱贫攻坚成效考核的重要依据。不定期在媒体上发布“海南爱心扶贫网订单排行榜”等，对积极参与消费扶贫的单位和个人进行宣传。

三是帮扶力量一线促进。社会扶贫处将消费扶贫作为基层帮扶队伍的重要任务和规定动作，组织驻村第一书记、帮扶责任人和驻村工作队队员等，做好产品信息发布、把关产品质量价格、对接电商物流等工作，打通消费扶贫“最后一公里”。同时，针对活体农产品不便直接邮购的问题，一方面采取定点定时宰杀、冰冻、包装，协调物流企业统一配送；另一方面，安排专门时间、场所组织线下就近销售，一些产品甚至供不应求。

## 各方积极联动，实现全覆盖

消费扶贫活动不能只靠各级党政机关党员干部职工参与，必须广泛动员，真正把全社会的热情和积极性都激发出来。为此，社会扶贫处想方设法发动社会各方力量参与到消费扶贫中来，逐渐实现消费扶贫从党政推动向党政推动和市场撬动相结合转变，使消费扶贫具有持久的生命力。

一是现职省级领导干部示范带头。根据省委的统一部署，社会扶贫处牵头制定了《关于在省级领导干部中开展“以购代捐”消费扶贫活动方案》，组织包括省委书记在内的所有现职省级领导干部，每人每月拿出 200 ~ 300 元，通过线上线下销售平台，从本人抓农村党建促脱贫攻坚联系点或其他贫困村直接购买贫困户的农副产品，推动解决贫困户农产品销售难题。

二是各市县各单位主动作为。社会扶贫处充分发挥各级党政机关带头引领作用，提升消费扶贫的生命力。各级各部门积极响应，动员干部职工参与消费扶贫，形成了“你追我赶”的新局面。如省委党校在学员食堂举办爱心扶贫集市活动，明确每年以不低于 20% 的采购量采购贫困户农产品；省教育厅发动全省学校食堂与贫困村建立长期供应关系。全省各级定点扶贫单位的消费扶贫方式也越来越丰富，从临时团购到订单式认购、从参与贫困地区“共享农庄”建设到协助产销渠道对接等模式不断推陈出新，有力推进了消费扶贫取得实效。

/ 2018 年 10 月，海南爱心扶贫网正式上线

三是社会各界积极响应。社会扶贫处通过报纸、广播、电视、微信公众号等媒体，发布《消费有情爱心无价海南消费扶贫爱心行动倡议书》，向社会各界发出号召，得到社会各界纷纷响应参与，在海南爱心扶贫网注册账号，订购贫困户农产品。据统计，海南爱心扶贫网上线不足 9 小时，网站访问数就达 10 万次，产品订单金额突破 10 万元。家乐福、大润发等大型超市也主动跟贫困村建立产销合作关系。

## 线上线下互动，实现全服务

消费扶贫必须搭起形式多样的平台和载体，形成线上线下高效互动的良好氛围，才能保持持久的关注度和参与度。为此，社会扶贫处以海南爱心扶贫网为线上主平台，以“爱心扶贫大集市”为线下主载体，千方百计为社会力量参与消费扶贫活动创造条件。

一是打造便捷高效交易平台。社会扶贫处委托南海网加紧开发运营海南爱心扶贫网，同步上线手机客户端、微信公众号，方便消费者随时随地购物。“以前鲁古井村贫困群众的产品要么肩挑手提，要么靠摩托车、三轮车运到集市，折腾下来，也赚不了几个钱。产品卖不动，贫困群众就有些懈怠。”鲁古井村驻村第一书记吴德金回忆道。而通过海南爱心扶贫网的“爱心商城”，不仅能实现村里的扶贫产品直接与广阔市场对接，还能获得稳定的销量和销路。与此同时，社会扶贫处与省供销社、省商务厅以及各市县党委政府共同组织开展“爱心扶贫大集市”百场百家活动，引导贫困户就近销售。活动开展以来，全省组织了 881 场线下扶贫集市活动，扶贫产品交易金额 3 023.58 万余元，带动 8.24 万户贫困户增收。

/“聚力消费扶贫　带爱回家过年”2019 海南消费扶贫年货大集开市

/ 2018 年 12 月，首场“爱心扶贫大集市”举行

/ 2019 海南消费扶贫年货大集现场人头攒动

二是做好线上线下消费服务。社会扶贫处先后通过海南省打赢脱贫攻坚战指挥部下发一系列文件，督导各市县组织帮扶责任人采集报送贫困户准备销售的农产品等信息。截至 2019 年 3 月底，各市县报送并经过审核线上在售农副产品种类累计 403 种。根据消费扶贫的推进情况，各级农业农村部门及时指导贫困户调整产业结构，丰富品种、增加产量、提升质量；商务和交通部门不断完善农村物流体系建设，做好销售、流通环节的各项工作；市场监管部门强化质量安全检验，严厉打击以假乱真、以次充好等扰乱市场行为。

三是营造消费扶贫浓厚氛围。社会扶贫处高效整合全省媒体资源，对消费扶贫进行全方位的深度报道，在全省营造了浓厚的爱心消费、助力扶贫的氛围。如 2018 年 10 月 17 日全国扶贫日前后，在《海南日报》、南海网微信公众号开设消费扶贫专栏，在海南广播电视总台播发专题节目 42 个，跟踪消费扶贫活动电视新闻报道 137 次。各市县各单位的门户网站及“两微一端”等平台均设置了海南爱心扶贫网链接，最大限度、最广范围地引导社会各界参与消费扶贫、助力脱贫攻坚。

## 贫困群众主动，实现全参与

贫困群众既是消费扶贫的帮扶对象，也是消费扶贫产品的供应者。通过消费扶贫形成强大的消费需求，激发贫困群众的内生动力，贫困群众积极主动参与消费扶贫，用自己的辛勤劳动提供优质的农副产品和服务，实现脱贫致富。

一是自觉发展特色产业。贫困群众通过线上线下销售扶贫产品，感受到了消费扶贫带来的实惠，生产创业的热情空前高涨。社会扶贫处以此为契机，联合各相关部门，深化产业帮扶，积极引导贫困户发展特色产业。各市县根据市场和爱心人士的消费需求，组织贫困群众大力发展或参与发展经济效益高、市场前景好、深受消费者欢迎的特色产业，争取实现每个贫困户都有自己的特色产品。

/ 贫困户在扶贫线下展销集市上喜笑颜开

二是主动提升脱贫内生动力。海南消费扶贫的创新实践，为贫困群众开拓了致富门路，拉动了贫困群众的直接收入，还改变了他们的思想观念，更重要的是有效激发了贫困群众脱贫致富的内生动力。在 2018 年 11 月中旬举行的定安县“互联网 + 爱心消费扶贫”农副产品展销会上，龙湖镇安仁村贫困村民郑金福销售收入达到 1 万元，相当于他原来年收入的一半。消费扶贫带来的巨大变化激发了郑金福发展生产、脱贫致富的内生动力，靠种槟榔和饲养定安黑猪，收入显著增加。

三是加强培训指导，提升贫困户参与消费扶贫的能力。根据每个贫困户的需求组织各种技术培训，让每个贫困户都有一技之长，达到“授人以鱼不如授人以渔”的效果。海口市永兴镇儒张村贫困村民黄忠海在寻找脱贫机遇中搭上了消费扶贫的“快车”，在帮扶责任人的帮助下，他为自家产的蜂蜜、土鸡和鸡蛋穿上了“新装”，注册了商标，借助线上平台，把自家农产品推向了更广阔的市场，实现了更大的收益。

“四动四全”是海南推进消费扶贫的机制和创新。社会扶贫处将不断完善这一做法，为全国消费扶贫工作贡献海南经验，也为海南全面深化改革开放，建设自贸区、自贸港奠定良好基础。

（照片拍摄：刘洋）

**重庆市石柱土家族自治县** 地处重庆东部武陵山连片特困地区，是集民族自治县、三峡库区移民县、革命老区县和国家扶贫开发工作重点县于一体的特殊县。自脱贫攻坚战打响特别是2017年7月以来，创新攻坚体制机制，精准落实政策措施，统筹推进区域发展，聚焦深度贫困发力，持续深化抓党建促脱贫，取得显著成效。截至2019年3月，实现85个贫困村共16 426户60 201人脱贫，贫困发生率由2014年的12.7%降至0.87%。2019年4月15日，习近平总书记深入石柱土家族自治县中益乡视察调研；4月底，重庆市人民政府批准石柱土家族自治县退出国家扶贫开发工作重点县。

# 聚焦深度贫困发力　提前脱贫奔小康

石柱土家族自治县地处重庆东部武陵山连片特困地区，幅员3 014平方公里，总人口55万，是集民族自治县、三峡库区移民县、革命老区县和国家扶贫开发工作重点县于一体的特殊县。自脱贫攻坚战打响特别是2017年7月以来，全县深学笃用习近平总书记关于扶贫工作的重要论述，全面落实党中央、国务院决策部署和市委市政府工作要求，坚决贯彻精准扶贫精准脱贫基本方略，创新攻坚体制机制，精准落实政策措施，统筹推进区域发展，聚焦深度贫困发力，持续深化抓党建促脱贫，举全县之力坚决

石柱土家族自治县全景图

/ 帮扶贫困户种植中药材

打赢打好脱贫攻坚战。截至2019年3月，全县累计实现85个贫困村共16 426户60 201人脱贫，贫困发生率由2014年的12.7%降至0.87%。2019年4月15日，习近平总书记深入石柱土家族自治县中益乡视察调研；4月底，重庆市人民政府批准石柱土家族自治县退出国家扶贫开发工作重点县。

## 压实责任，以新机制凝聚攻坚合力

石柱土家族自治县坚持党的领导和以群众为主体，建立健全运转高效、调配有力的组织指挥机制和广泛参与、合力攻坚的动员机制，凝聚脱贫攻坚强大合力。一是构建立体全覆盖攻坚体系。认真落实“双组长”制，建立县委常委负责分管行业扶贫工作机制，实施县领导定点包干帮扶乡镇（街道）机制，完善三级干部责任清单，构建“1+5+16+33”攻坚责任体系，全县35名市管领导干部、989名驻乡驻村工作队队员和4 880名结对帮扶干部投身脱贫攻坚，实现所有村（涉农社区）驻村工作队、所有乡镇驻乡工作队全覆盖，形成齐抓共管攻坚格局。二是广泛汇聚帮扶力量。用好用活山东淄博东西扶贫协作、中核集团定点帮扶、重庆市委办公厅扶贫集团对口帮扶等资源资金，多渠道筹集社会扶贫资金，整合帮扶力量，提升帮扶效益。大力开展“万企帮万村”行动，组织县内170家企业与85个贫困村开展结对帮扶。三是发挥群众主体作用。依托“新时代文明实践中心”等平台载体，创新开展精神扶贫“六大行动”，探索建立“扶贫车间”“扶贫农庄”“扶贫超市”“扶贫基地”等新型就业扶贫模式和乡风文明积分管理制度，贫困群众脱贫致富内生动力不断增强，积极以务工投劳、土地入股等形式参与攻坚，全县处处呈现出干部带着干、群众主动干的火热场面。

## 精准识别，以新举措确保政策落实

坚持把“精准”二字贯穿脱贫攻坚全过程，严格按照现行扶贫标准，推动各项政策措施落实到户到人。一是以三个100%精准识别扶贫对象。采取“在家农户上门走访、外出农户电话查访全覆盖”方式，对全县所有农户进行地毯式、拉网式排查核实，严格按照“八步两评议两公示一比对一公告”程序，先后开展了5轮对贫困对象的动态调整，推行有奖举报公示制度，做到农户摸排、贫困户核查、疑难对象户研判三个

100%，确保不错一户、不漏一人。二是坚持问题导向，精准制定针对各贫困户的“户办法”。对照“两不愁三保障一达标”标准，实行“群众不定时向干部反映、干部定时向群众收集”的问题查找制度，采取入户走访、群众会、院坝会、微访谈等方式，定期不定期进行横向到边、纵向到底的问题大排查大整改。针对排查出来的问题，逐户制定“户办法”，确保贫困原因清楚、脱贫目标合理、帮扶措施可靠。三是严把标准，精准落实扶贫政策。按照“两不愁三保障”脱贫标准，既不拔高，也不降低。精准实施“两不愁三保障”措施：大力推进产业扶贫，建立健全企业、村集体、贫困户利益联结机制，建立社会兜底保障和救助工作体系，实施安全饮水工程，确保贫困群众不愁吃、不愁穿；精准开展教育扶贫，全覆盖落实县内外各学段建档立卡贫困家庭学生教育资助政策，义务教育适龄学生入学率100%，无一人因贫失学辍学；精准开展健康扶贫，全面构建基本医疗保障体系，贫困群众医保参保率100%、就医综合报销比例90.21%，无一人因贫弃医；精准推进农村危旧房改造和易地扶贫搬迁，无一人住危房。

## 统筹发展，以新理念巩固攻坚质效

坚持以脱贫攻坚统揽经济社会发展全局，积极把共享发展理念融入解决区域性贫困问题之中，着力改善贫困地区发展环境，增强自我发展能力。一是长效产业上“共建”。始终把产业扶贫作为扶根本扶长远之策，大力发展康养休闲生态旅游业和现代山地特色高效农业，深度调整农业产业结构，创新推广股权、基金、信贷、旅游等资产收益扶贫模式，切实打通经营主体和贫困群众利益联结通道。新发展中药材等长效产业20万亩，实现有条件的贫困户产业覆盖率100%。2018年贫困群众人均可支配收入较2014年增长近两倍。2017年6月15日，农业部和国务院扶贫办在石柱土家族自治县召开全国产业扶贫现场观摩会。二是设施服务上“共通”。按照缺啥补啥原则，分类补齐基础设施和公共服务短板，探索建立基础设施建管长效机制。同步推进以“六改”为重点的农村人居环境整治，统筹推进道路交通、电力通信、环境整治等工程向贫困乡、贫困村倾斜，促进文化、教育、医疗等基本公共服务向村组延伸，行政村和村民小组通畅率分别达100%和85%。农村电网全面升级，通信信号实现广域全覆盖。农

/ 辣椒丰收收购场景

/ 千野草场

村人居环境加快改善，农村公共服务更加便利，群众获得感和幸福感明显提升。三是协同发展上“共享”。坚持脱贫攻坚与乡村振兴统筹推进，优化沿江、中山、高山、城周区域产业发展、基础设施、基本公共服务布局；坚持中益乡与“大黄水”区域统筹发展，连片规划布局基础设施建设和产业发展；坚持协同推进西沱古镇—水磨溪湿地—忠县石宝区域发展重点专项，促进区位上融合提升、发展上互利共赢。

## 聚焦发力，以新战术攻克坚中之坚

坚持把中益深度贫困乡和15个深度贫困村作为重中之重，聚焦“四个深度发力”，集中精力集中火力全力攻坚。一是在深度改善生产生活生态条件上深度发力。探索实行“项目包”制，将规划重点项目整合成交通、改造、产业、水利、易地扶贫搬迁、民生及社会治理六个项目包，逐一落实1名县领导牵头，推行1名乡党委班子成员联系一个项目包和一个村“双联”制，由行业主管部门担任业主单位并推动实施，县乡村三级协同监管，确保项目建设正常推进。二是在深度调整产业结构上深度发力。聚焦中益乡“中华蜜蜂小镇”主题定位，因地制宜发展以民宿旅游、有机食品、中药材等为重点的康养产业，探索打造“花卉种植＋中蜂养殖＋精深加工”“观赏作物＋乡村旅游＋民宿”“农副产品＋电商＋物流配送”等产业链条，持续巩固深化利益联结，有力助推贫困群众增效增收。三是在深度推进农业农村改革上深度发力。充分发挥华溪村“三变”

改革市级试点示范引领作用，探索推行土地经营权和劳动力入股、资金入股、代种代管、以房联营等合作方式，将1 000余户农户、8 000余亩土地纳入新型农业生产经营组织体系，确保村村有效益、户户有收入。四是在深度落实扶贫惠民政策上深度发力。以“甜生活·新中益”精准扶贫专项行动为主抓手，围绕打通政策落实“最后一公里”目标，把牢政策宣传、培训、公示、落实四道关口，确保群众政策知晓率、掌握率、认可度、满意度四个100%，真正把政策含金量转化为群众获得感。

## 深化党建，以新气象开创攻坚新局面

牢固树立“围绕脱贫抓党建，抓好党建促脱贫，检验党建看脱贫”理念，着力夯基础、转作风、严考核，以党建新气象推动脱贫攻坚再上新台阶。一是推动基层党组织强起来。聚焦配强“领头羊”、充实“后备军”、选优“带头人”、走好“创新路”，持续发力，将85个贫困村全部纳入后进基层党组织整顿，调整不合格党支部书记54名，回引本土人才271名，培育党员致富能手582名，总结推广中益乡坪坝村“三三”联动抓党建促脱贫攻坚、三河镇大林村“和美工作法”创新基层社会治理经验，全县基层党组织战斗力、引领力明显提升。二是推动干部作风实起来。坚持“责任倒逼、专项治理、领导带头、典型示范”多向发力，广泛深入开展加强作风建设提高行政效能专项整

/ 贫困户易地扶贫搬迁安置点

治，扎实开展扶贫领域腐败和作风问题专项治理，集中整治形式主义、官僚主义突出问题，严格落实驻村干部吃在村、住在村、干在村相关工作制度，大力发扬“敢吃黄连苦、不怕辣椒辣”的精神，全体扶贫干部带着感情、带着真心，用心用情用力抓帮扶，真正做到群众不脱贫决不下火线。三是推动集体经济富起来。研究出台扶持壮大村级集体经济收入实施意见，分类逐年安排财政专项资金，探索发展“七型”村集体经济，优化完善农户、企业、村集体组织利益联结机制，促进“三方”共赢，确保 2019 年全县所有村（社区）集体组织有经营性经济收入。四是推动督查考核严起来。坚持以最严格的督查考核推动脱贫攻坚，成立脱贫攻坚专项督导组，建立健全片区督导、协作监督、交叉监督等机制，开展全天候巡回督导、每季度综合督查，把脱贫攻坚纳入实绩考核并将考核权重确定为 50%，实行市管领导、县级部门、乡镇（街道）、驻村工作队、帮扶责任人量化打分、“连坐”考核，确保责任落得了实、任务落得了地。

（照片提供：重庆市石柱土家族自治县）

中核集团公司援建的高山错季节蔬菜基地

**"学前学会普通话"凉山试点项目组** 为深入贯彻党的十九大精神和习近平总书记关于扶贫工作的重要论述，国务院扶贫办、教育部与四川省委省政府于2018年5月在凉山州启动"学前学会普通话"行动试点。项目组围绕"1246"工作思路，即"锁定一个目标、坚持两个导向、建立四项机制、抓好六个重点"，统筹各方，整合资源，创新方式，强化措施，狠抓落实，取得了明显成效。行动第一阶段幼教点学前儿童基本实现"听懂、会说、敢说、会用普通话"的阶段目标，学前扫清语言障碍。统筹村委会活动室、空闲校舍或租用民房、新建校舍等设立幼教点，并规范幼教点管理，提升辅导员能力，总结提炼出民族地区非普通话母语环境下学前儿童学好普通话的一整套教学理念、保障体系和方式方法。

# "学前学会普通话"<br>决不让大凉山孩子输在起跑线

凉山是全国最大的彝族聚居区、"三区三州"深度贫困地区之一，总人口530万，其中彝族人口占53.6%。受自然、社会、历史等因素制约，凉山经济社会发展不平衡、不充分，特别是教育事业发展滞后。彝族群众习惯使用彝语交流，全州约有50万名学前儿童，听不懂、不会说普通话的现象极为普遍，学前教育落后是凉山脱贫攻坚"短板中的短板"。2018年春节前夕，习近平总书记到大凉山彝族自治州考察调研，特别指出，教育必须跟上，决不能再让孩子们输在起跑线。

2018年5月，国务院扶贫办、教育部与四川省委省政府在凉山州启动实施了"学前学会普通话"行动试点工作。"扶贫先扶智，扶智先通语。"行动在试点阶段已覆盖11个深度贫困县、安宁河谷6县（市）民族乡镇村级幼教点2724个，惠及学前儿童11.28万名。行动实施以来，"学前学会普通话"凉山试点项目组（简称项目组）紧紧围绕"1246"工作思路，因地制宜办学，统筹各方力量，整合社会资源，强化行动措施，狠抓工作落实，着力推进"学前学会普通话"行动的全面深入开展，取得了明显成效，为行动全覆盖和其他民族地区非普通话母语环境下学前儿童学好普通话探索了可复制、可推广的初步经验模式。

/ 项目组与村级幼教点儿童合影

## 加强领导　压实责任　全力推进

凉山州“学前学会普通话”行动按照“国家支持、省级统筹、州负总责、县统一管理、乡村实施、社会参与、专业机构技术保障”运行管理模式推进。

行动启动以来，国家、省领导多次到凉山调研推进、实地指导学前学普工作，协调解决了工作中存在的困难和问题。国务院扶贫办、教育部量身定制符合凉山实际的方案措施，广泛动员社会各界力量积极参与行动，多方筹集项目运行资金，有力推动行动顺利开展。省委省政府将行动纳入省支持凉山脱贫攻坚和教育事业发展重要内容，落实教育扶贫资金保障项目顺利实施。

凉山州委州政府认真履行行动主体责任，成立以州长任组长、分管州领导任副组长、州级相关部门为成员单位的工作领导小组，专门负责“学前学会普通话”行动的组织领导和业务指导。州委州政府主要领导定期听取工作汇报，专题研究推进过程中存在的困难和问题。各县（市）党委政府建立相应机构，配备专职人员，定期召开会议，听取工作汇报，研究解决存在的问题，各县（市）党委政府具体组织实施，推动行动试点扎实深入开展。

中国扶贫志愿服务促进会创造性地引入第三方公司提供技术支持，倾力推动技术保障项目实施，统筹整合社会资源支持行动试点工作。北京华言公司、三好公司量身定制技术保障实施方案，编撰教学教辅用书，组建专家指导组、志愿帮扶组，研创教学方法和教具学具，构建立体化培训、教学、研发、督导、考核“五大体系”，推动了幼教点规范化管理，提高了辅导员普通话水平和综合素质。



## 统筹各方　整合资源　凝心聚力

项目组整合各方力量、统筹各种资源，从多个层面、以多种形式，凝心聚力推进学前学普行动。

一是东西扶贫协作，保障行动推进。广东省佛山市将行动试点帮扶工作纳入东西部扶贫协作事项。行动启动以来，持续对学前学普项目予以资金支持和师资培训帮扶，已投入专项资金 4 700 余万元，用于设施设备采购、辅导员及幼儿教师培训、宣传发动、日常办公、辅导员和幼儿激励等，为凉山州“学前学会普通话”行动的顺利开展提供了直接、及时、重要的物质保障。

二是爱心企业联动，注入行动动力。行动启动以来，很多爱心企业主动关心、积极参与学前学普行动，以捐赠资金、购买教具玩具、添置设施设备、向优秀辅导员发放激励奖金等多种形式给予大力帮扶支持，为学前学普行动注入了强大的可持续动力。行动启动仪式上，君康人寿率先捐款 5 000 万元；中植集团与中国扶贫志愿服务促进会签订了捐赠协议，将连续 10 年每年捐赠 1 亿元，用于支持学前学普行动；中国电信帮助 70% 的幼教点实现通网，并援助建设学前学普信息管理平台和学普 App；蓝光集团捐赠教学设备，向技能竞赛获奖辅导员发放激励奖金。

三是社会各界参与，助力学普行动。在行动的巨大感召力下，社会各界纷纷参与到学前学普行动中来。教育部为幼教点捐赠《幼儿普通话 365 句》，丰富教学内容；民政部、省民政厅、中华慈善总会等联合为幼教点捐赠教具玩具；中国社会扶贫网开通“学前学会普通话”行动（试点）众筹通道，面向社会公开募捐，已有 1.9 万余名爱心人士为项目捐款；教育部教师工作司的名校长（园长）领航工程，引入名校（园）骨干资源到凉山幼儿园支教，引领帮扶学前学普行动；四川省内高校持续两年利用暑假对全员辅导员进行“20+10”集中、跟岗培训；四川省机关事务管理局、省州关心下一代工作委员会等多次组织培训辅导员，有效提升了辅导员能力；大学生

/ 项目组赴村级幼教点观摩辅导员教学

志愿者主动到凉山幼教点支教；高校大学生踊跃报名到幼教点顶岗实习；州机关一幼、州机关二幼为学前学普行动编写幼儿绘本、辅导员用书，录制儿歌童谣等。社会各界的参与支持，为学前学普行动增添了无穷的力量。

四是媒体积极报道，营造良好氛围。学前学普行动的实施，得到了众多媒体的关注与宣传。中央电视台主持人海霞亲自担任凉山州学前学普行动形象大使，通过多种方式宣传学前学普行动；中央电视台、中央人民广播电台、新华社、《人民日报》、中新社、《中国扶贫》杂志、《四川日报》等主流媒体先后到凉山采访，积极报道“学前学会普通话”行动，广泛宣传行动意义和项目效果，营造出良好社会氛围。

## 因地制宜　分类推进　精准实施

项目组围绕“1246”工作思路，因地制宜，分步推进，分类实施，切实推动行动深入开展。

一是锁定一个目标，分步分类实施。项目组紧紧围绕“听懂、会说、敢说、会用普通话”目标，分步分类推进“学前学会普通话”行动，力争通过三年时间，实现具有正常学习能力的 3 ~ 6 岁学前儿童（含 7 岁未接受义务教育儿童）能够使用国家通用语言进行沟通交流。行动第一阶段在 11 个深度贫困县幼教点和安宁河谷 6 县（市）民族乡镇村级幼教点试点实施，2019 年 9 月开始，“学前学会普通话”行动在凉山州 17 个县市所有幼儿园和幼教点实施，实现行动全覆盖。

二是坚持两个导向，明确工作方向。项目组坚持目标和问题导向开展工作。第一，

/ 项目组到村级幼教点儿童家中做家访

/ 项目组研讨工作

紧扣行动“听懂、会说、敢说、会用普通话”目标任务不动摇、不偏离。第二，坚持在行动推进中定期梳理问题清单，坚持问题导向，精准施策，制定路线图，明确时间表，增添措施，弥补短板，通过发现问题、分析问题、解决问题，不断优化工作。

三是建立四项机制，强化执行效力。第一，建立沟通机制。建立完善了县（市）、州、省、国家逐级沟通汇报的工作机制，增强了信息畅通和工作执行力，建立了各成员单位之间每月一次联席会议制度和信息沟通制度。第二，建立督查机制。建立常态化业务指导、定期综合督导、专项督查相结合的三级督查机制。第三，建立评估机制。在国家效果评估基础上，建立由省、州共同制定标准、考核的自查评估机制。第四，建立考核机制。由州委目标绩效管理办对各县（市）党委政府学前学普工作推进落实情况进行年终考核，州学前学普办对各县（市）学前学普办工作开展情况进行考核，技术保障单位与各县市学前学普办共同对幼教点辅导员和幼儿教师开展教学评价考核工作。

四是抓好六个重点，确保行动实效。第一，完善设施配备。加大财政投入，做好幼儿园和幼教点基础建设工作，逐步配齐必需的教学设施设备。第二，强化师资培训。按照分类培训、分级实施原则，采取州级骨干培训与县级全员培训、集中面训与分散培训、幼教点实训与网络在线培训等相结合方式，全面加强辅导员培训。第三，规范工作管理。建立健全了学前学普相关制度，保障幼儿在校时间不少于6小时，切实加强幼教点管理；明确各级各部门管理和监管责任；统筹利用村级幼教点现有办学资源，保障实施基础条件；加强资金监管，坚持公开公示，做到阳光透明。第四，加强督导管理。制定完善制度，加强管理、督导、考核，切实保障幼儿在校时间和保教质量。第五，强化宣传发动。项目组各方和各级各部门通过新闻媒体、宣传网站、微信公众号、张贴彝汉双语宣传标语、制作年历和画册，以及印发行动纪实集等多种方式加大宣传力度，提高行动的知晓度，让全州内外广泛而深入地知晓行动的重大意义、推进情况及实施效果。第六，开展效果比对。制定效果比对方案，按照真实性、过程性、发展性原则，确定不同类别的幼教点和以不同年龄段儿童为对象，定期做好视频、语言、文字等过程性记录，跟踪幼儿学习普通话的轨迹，研究分析实施效果。

## 强化管理　技术支撑　创新开展

/ 项目组与儿童及辅导员一起做户外游戏

项目组通过整合各种资源，遵循专业规律，创新开展工作。

一是抓好队伍建设，强化行动管理。第一，抓好辅导员队伍建设。通过各种培训提升辅导员专业素养和综合能力。同时通过信息管理平台和各级督查考核，加强对辅导员的督导和管理，规范教育教学行为。第二，抓好管理队伍建设。州、县学前学普办均配备专职人员，负责试点行动的组织协调、监督指导。对学前学普办工作人员开展形式多样、内容丰富的培训，加强管理队伍专业化建设。第三，抓好技术保障队伍建设。两家技术保障单位均组建了长期驻扎西昌的项目团队，选派学前教育专家团队指导项目实施，并在本地招聘驻点巡查团队，确保技术实施方案的科学性和行动有效推进。

二是制定专业方案，研发学普资源。技术保障单位通过多次实地调研，立足实际，量身定制了凉山州“学前学会普通话”技术保障方案，自主开发适合民族地区学前儿童的教学材料、教辅工具等教学资源，如辅导员教辅资料、教学挂图、词语卡片、儿童绘本、学普故事机等，丰富辅导员、学前儿童学习资源，让“学前学会普通话”行动更有针对性和实效性。

三是开展多元培训，提升师资水平。技术保障单位围绕普通话教学课程方案、教学模式、管理模式、教学素材准备等内容，通过线下集中培训、片区培训、片区听评课、地区观摩研讨、督导入点培训、示范点辐射指导、专家远程线上培训、线上微信及 App 随时指导等多种形式，全面提升辅导员普通话教育教学能力，确保了技术保障方案的有效落地实施。

四是创新教学方式，营造语言环境。技术保障单位创新“沉浸式情景教学法”，营造全普通话的教学环境，实施“对对答”游戏等互动教学创新教学理念和教学方式，激发学前儿童说普通话的兴趣与积极性，提升了学习普通话的效果。

（照片拍摄：钟玉成）

**大连万达商业管理集团丹寨项目部**　2014年底，大连万达商业管理集团选择贵州省丹寨县作为帮扶对象，在全国首创"企业包县、整县脱贫"精准扶贫模式，捐款21亿元建设职业技术学院、丹寨旅游小镇、产业扶贫基金三个项目。项目部在丹寨县认真落实集团总部的部署和要求，结合丹寨县脱贫攻坚实际，以"真扶贫、扶真贫"的挚诚，跳出"输血式"扶贫思路，创新"造血式"扶贫模式，拓宽当地群众增收渠道和路径，有效探索解决丹寨县区域性整体贫困问题，实现可持续扶贫，同时也提供了企业开展扶贫工作示范案例。帮扶4年带动丹寨县3.38万名贫困人口脱贫，丹寨县贫困发生率下降到1.66%。2019年4月24日，贵州省人民政府批准丹寨县退出贫困县序列，丹寨县顺利实现了脱贫摘帽。

## 创新"企业包县、整县脱贫"扶贫模式 助推贵州省丹寨县实现脱贫摘帽

2014年底，大连万达商业管理集团积极投入脱贫攻坚，选择贵州省丹寨县作为帮扶对象，捐款21亿元在全国首创"企业包县、整县脱贫"精准扶贫模式。在大连万达商业管理集团丹寨项目部的精心建设、精细管理、精准扶贫下，万达丹寨扶贫项目建设快速推进，仅用一年时间就建成了丹寨旅游小镇和职业技术学院，让丹寨经济社会发展的面貌发生了深刻改变，帮助丹寨贫困群众实现增收，为丹寨脱贫做出了积极的贡献，有力助推丹寨县实现了脱贫摘帽。

/丹寨万达小镇

## 创新扶贫模式

万达集团帮扶丹寨县，开创性地提出“包县扶贫”模式，从扶贫思路、资源整合、产业选择、运营管理等方面进行系统创新，形成了富有成效、可资借鉴的社会企业扶贫模式。

一是万达的扶贫思维。“包县扶贫”是万达帮扶丹寨的出发点，这就要求企业站在全局高度，统筹考虑丹寨扶贫工作，做好顶层设计。脱贫攻坚是一项十分繁重、时间紧迫的任务，扶贫项目必须尽快见效，还要实现稳定脱贫不返贫。万达和丹寨县一起调查研究，决定采取教育、产业、基金并举，长期、中期、短期结合的扶贫模式。长期项目是捐资 3 亿元建设一所大专层次的职业技术学院，通过教育实现贫困代际阻隔。中期项目是出资 13 亿元建设一座丹寨旅游小镇，带动丹寨旅游业发展，实现贫困群众增收。短期项目是出资 5 亿元设立丹寨产业扶贫专项基金，对丹寨县特殊困难人群兜底帮扶、全面覆盖，对一般建档立卡贫困户发展产业给予资金支持。三个项目兼顾当前目标和长远发展，既授人以鱼又授人以渔，帮助丹寨实现精准脱贫，走上共同富裕道路。

二是万达的全要素投入。企业扶贫关键要充分发挥企业优势，不仅需要资金投入，

/ 丹寨万达小镇推出常态化演艺创造大量就业机会

更需要全要素投入，包括企业领导高度重视并积极参与、优秀人才进驻、优质资源导入、先进经营理念运用等。万达把丹寨扶贫列为企业一号工程，投入的资源超过企业任何一个商业项目。万达集团主要领导从扶贫项目调研、规划、建设到运营全程指挥，先后4次赴丹寨，现场解决项目实施过程中遇到的关键问题。主持召开万达丹寨扶贫专题会议10多次。万达从全集团抽调精兵强将，为项目建设成立建设公司，为项目运营成立管理公司。利用万达品牌影响力和万达广场遍布全国的渠道优势，宣传项目推广丹寨，把丹寨扶贫的成功实践经验推向全国。

/ 丹寨万达产业扶贫基金发放

三是万达的扶贫主旨。万达参与扶贫定位准确，主旨明晰。脱贫攻坚工作中，地方政府是责任主体，企业参与扶贫要明确自身定位，与当地政府紧密配合，充分了解当地的客观条件，尊重地区发展的客观规律，真正做到帮忙不添乱。丹寨产业扶贫基金最初设计为兜底帮扶特殊困难人群，普惠建档立卡贫困户。在实践中，万达听取地方政府建议，将建档立卡贫困户分成不同类别，重点支持贫困户发展产业，增强自身“造血”功能，同时设立公益性岗位，为贫困户提供就业机会，使扶贫基金更好发挥作用。万达在丹寨捐建项目都充分考虑后期运营，以不给当地政府增加负担为原则。旅游小镇建成移交后成为丹寨优良资产，万达应丹寨县之请承担经营管理，集中集团优秀人才运营小镇，解除了项目发展的后顾之忧。

四是万达的注重可持续发展。扶贫是长期艰巨的工作，脱贫并不意味着扶贫工作的结束，而是新的开始。万达把帮扶丹寨列为长期工作，除了职业技术学院为长期项目外，扶贫基金一直规划到2026年，并承诺对丹寨旅游小镇永久帮助运营。为吸引更多游客，万达又决定再捐款5亿元建设小镇二期，修建了会议中心、丹寨锦绣节目、游客集散中心、温泉酒店等二期项目，全面提升小镇吸引力。持续的业态开发让丹寨万达小镇实现了游客井喷，项目成为帮助丹寨彻底摆脱贫困、实现乡村振兴的有力支撑。

## 运营特色小镇

丹寨旅游小镇是万达集团丹寨扶贫核心项目，丹寨项目部下足运营功夫，进行众多创新，使小镇成为中国知名的特色旅游小镇之一。

一是抓高标准运营管理。万达充分利用自身在商业管理和旅游产业方面的优势，创造独特的旅游小镇管理模式。万达用管商业广场的方法管理小镇，不降低标准，一丝不苟。比如，要求在小镇的街上看不到一个烟头，旺季不出现任何“宰客”现象。主要有三方面做法：

精准招商。丹寨旅游小镇的旅游项目超过三分之二是非物质文化内容，包括特色美食、体验消费等游客喜爱的旅游业态。

精准营销。万达发挥全国旅游龙头企业优势，为小镇签约了上百家旅行社，完成200多条旅行线路产品上线，与携程等多家企业的在线旅游平台达成战略合作。旅游小镇管理公司策划举办丰富多彩的落地活动，做到周周有活动、月月有主题，祭尤节、锦鸡舞、音乐节吸引省内外游客纷纷前来体验，做到淡季不淡、旺季更旺，仅用半年时间就使旅游小镇成为贵州客流排名前三的旅游景区。

运用科技手段。万达重视采用科技手段提升旅游小镇运营管理。小镇运用万达自主研发、国内领先的慧云管理系统，实时监测人流、车流，准确分析游客来源、消费数据。通过建立大数据模型，精准预测游客动态需求，使小镇运营管理针对性更强。

二是创新品牌传播。万达创新开展品牌传播活动，把丹寨旅游小镇打造成网红小

/ 丹寨万达扶贫茶园精准帮助贫困户脱贫

/ 丹寨小护旗手亮相俄罗斯世界杯揭幕战

镇，把丹寨县打造成全国明星县城，为丹寨创造巨大的品牌价值和无形资产，让丹寨充满魅力，不断吸引优质资源向丹寨集聚。主要有六方面做法：

轮值镇长。邀请海内外知名人士担任小镇镇长，使他们都成为丹寨的代言人，持续不断地推广和宣传丹寨，有效解决了丹寨旅游小镇品牌持续传播问题。项目获得戛纳国际创意节、亚太区艾菲奖、One Show 中华创意节等世界著名广告创意大奖。

扶贫茶园。万达独创“网上认领一亩茶园，对口扶贫一户茶农”的精准扶贫模式，直接帮助1 000多户丹寨建档立卡贫困户实现脱贫。丹寨茶品牌得以广泛传播，全县茶农从中获得收益。

长桌宴。包括一年一次创世界纪录的万人长桌宴、每月举行的千人长桌宴、长期举行的百人长桌宴，成为最具人气的品牌活动，为丹寨打造了全国独有的文化品牌。

国际摄影大展。万达在丹寨创办国际摄影大展，每月举办摄影工作坊、摄影月赛等活动，将丹寨打造成全国摄影爱好者打卡地。不仅创造了旅游收入，更是广泛传播了丹寨形象。

小护旗手。万达集团是国际足联顶级赞助商，让6名丹寨小护旗手亮相俄罗斯世界杯揭幕战，产生巨大、深远影响。

海内外大力传播。截至2018年底，据有关统计，万达集团丹寨扶贫模式包括丹寨旅游小镇，被国内外众多新闻媒体报道，发布相关稿件上万篇，覆盖人群数亿；社交媒体粉丝量超过百万。

## 扶贫效果明显

万达集团帮扶丹寨县 4 年，带动全县 3.38 万名贫困人口脱贫，丹寨县贫困发生率下降到 1.66%；为当地创造税收 2.7 亿元，拉动丹寨县 GDP 增长 1.2 个百分点，使丹寨面貌发生了深刻变化，使丹寨建档立卡贫困群众有了增收的保障，树立了步入小康社会的坚定信心。2019 年 4 月 24 日，贵州省人民政府批准丹寨县退出贫困县序列，丹寨县顺利实现了脱贫摘帽。万达集团三大扶贫项目成果斐然。

一是职业技术学院。2017 年 9 月开学，2019 年在校学生 1 179 人，其中贫困家庭学生 386 人。丹寨县与学院共同开展全县贫困人口全员培训，已完成培训 3 150 人。未来 50% 的优秀毕业生可直接录用到万达集团就业，实现“就业一人、脱贫一户”目标，阻断贫困代际相传。

二是丹寨旅游小镇。截至 2018 年底，接待游客 820 万人次，同比增长 600% 以上，带动全县旅游综合收入 37.2 亿元。小镇与丹寨县扶贫合作社和扶贫龙头企业建立紧密联系，带动当地贫困群众农产品、手工产品销售。小镇解决 1 255 人就业，其中贫困户 751 人，直接带动 4 704 名、间接带动 12 810 名丹寨贫困人口增收。

三是产业扶贫基金。每年发放 5 000 万元，支持全县 6 687 户贫困户发展硒米水稻、反季节蔬菜、特色中药材，养牛、猪、鸡、鸭等，户均增收超过 5 000 元；对全县全部 1 628 户重病重残等丧失劳动能力的贫困户每人每年分红 2 000 元；对全县 2 627 户因灾、因学等致贫的贫困户进行阶段性帮扶，人均补助 1 100 元。在全县设立村寨保洁员、护林员、护路员、治安消防员、管水员、巡河员等扶贫公益性岗位，解决 6 300 余户有劳动能力的贫困户稳定就业，户均年增收 5 000 余元。

（照片拍摄：杨武魁）

/ 万达职业技术学院

**云南省普洱市西盟佤族自治县**　创新在村民小组中成立脱贫工作委员会，把扶贫对象转化为扶贫力量，走出了一条脱贫攻坚与基层党建、乡村治理有效融合和贫困群众精神与物质“双脱贫”“双摘帽”的新路子。脱贫工作委员会由村民大会推荐选举产生，委员会主任及委员每人负责联系 10～20 户农户，大力弘扬“早干早支持、不干不支持”的政策导向，转变群众等靠要思想，提升群众自我发展能力。带领群众参与脱贫攻坚、发展生产、维护村庄环境等工作。教育引导群众自我管理、自我教育、自我服务和自我提高，实现了家庭和睦、邻里和谐、干群融洽。2019 年 4 月 30 日，经云南省人民政府批准，西盟佤族自治县正式退出贫困县序列，顺利实现了脱贫摘帽。

## 切实发挥好党的优势<br>率先在“直过民族”地区实现脱贫摘帽

云南省普洱市西盟佤族自治县是《阿佤人民唱新歌》的诞生地，也是全国两个佤族自治县之一。世居佤族、拉祜族，直到 1956 年才从原始社会末期、奴隶社会初期直接过渡到社会主义社会，是国家扶贫开发工作重点县、少数民族自治县、典型的“直过民族”县、地处边境一线的边疆县，就云南乃至全国来说都是属于贫困程度最深、脱贫难度最大的县区之一。近年来，西盟佤族自治县深入学习贯彻习近平新时代中国特色社会主义思想和关于扶贫开发的重要论述，紧紧围绕“两不愁三保障”“六个精准”“五个一批”，切实把党的政治、组织、理论、群众优势转化为扶贫工作优势，开拓创新在村民小组中成立脱贫工作委员会，把扶贫对象转化为扶贫力量，走出了一条脱贫攻坚与基层党建、乡村治理

/ 西盟县城

有效融合和贫困群众精神与物质“双脱贫”“双摘帽”的新路子。2018 年，西盟佤族自治县顺利实现脱贫摘帽，率先在“直过民族”地区实现脱贫，谱写了阿佤人民再唱新歌的新篇章，用实际行动书写人类减贫史中国奇迹的西盟篇章，为人类减贫事业提供了西盟经验和西盟案例。

## 发挥党的政治优势，脱贫攻坚工作成效显著

在打赢脱贫攻坚战中，发挥党的政治优势是西盟取得脱贫攻坚巨大成就的基本经验，更是打赢脱贫攻坚战的坚强政治保障。脱贫攻坚战打响以来，西盟佤族自治县积极响应党中央号召，坚持把脱贫攻坚作为最大的政治任务和第一民生工程，认真落实五级书记抓扶贫工作，统筹整合人力、财力、物力和智力向最贫困地区聚集，确保了党中央各项决策部署真正落到最基层一线，脱贫攻坚战连战连捷、再战再胜。通过努力奋斗，贫困人口从 2014 年的 31 146 人减少到 2018 年的 1 106 人，综合贫困发生率降至 1.45%，在 2018 年云南省扶贫开发成效考核中排名第一。2019 年 4 月 30 日，经云南省人民政府批准，西盟佤族自治县正式退出贫困县序列，顺利实现了脱贫摘帽，摆脱了长期的贫困状态，实现了千年跨越。之所以能够取得这样的成绩，最重要的是全县始终坚持尽锐出战，牢固树立“群众要脱贫，干部思想先脱贫、能力先脱贫”的理念，把

/ 医务人员免费向群众发放药品

/ 脱贫工作委员会尽锐出战

最精锐的力量、最优秀的干部放到脱贫攻坚战线上，通过建立常态化学习考试制度，着力提升干部能力素质，在全县锻造出一支能打仗、会打仗、打胜仗的扶贫“铁军”。在此基础上，充分发挥党组织的战斗堡垒作用和党员干部的先锋模范作用，发动群众积极参与，在村民小组中成立脱贫工作委员会，不仅解决了村“两委”人员少、事务多、工作开展困难的问题，还为打赢脱贫攻坚战、实现乡村振兴打造了一支“永不撤走的工作队”。西盟佤族自治县率先在“直过民族”地区实现高质量脱贫摘帽，真正体现了中国特色社会主义制度的政治优势，也充分证明了只有中国共产党才能带领全国各族人民走向伟大复兴。

## 发挥党的组织优势，扶贫对象变成扶贫力量

西盟县在村民小组中成立的脱贫工作委员会，对于解决群众内生动力不足、基层党组织力量薄弱等问题具有重要作用。其具体做法是：由村“两委”和村民小组组织召开村民大会，推荐选举产生生产、生活、宣传、治安等委员，并在委员中选出 1 名主任。村民小组脱贫工作委员会委员由党员或村民中的先进分子担任，主任及委员每人负责联系 10 ~ 20 户农户，包括建档立卡户和非建档立卡户。脱贫工作委员会隶属村“两委”领导管理，由村务监督委员会负责监督，并将脱贫工作委员会作为细化和抓实农村各项工作的前沿，又把委员作为发展党员和村组后备干部的重点培养对象，做到实际工作和基层人才培养工作“两手抓、两促进”。通过在所有村民小组中成立脱贫工作委员会，

/ 西盟特色佤寨勐梭镇秧洛村博航十组

全面加强了党对农村工作的领导，切实把党的组织优势转化为脱贫攻坚的工作优势，让所有农户都与脱贫攻坚工作紧密联系起来，极大调动了群众参与脱贫攻坚的积极性。这一创新做法，先后受到国务院扶贫办和云南省有关领导的肯定，要求全国扶贫领域学习借鉴，全省宣传学习。目前已在普洱市各县（区）全面推行，并在全省推广，为全国各地结合扶贫工作夯实基层党组织建设、激发群众内生动力提供了可复制、可借鉴、可推广的经验。

## 发挥党的理论优势，群众内生动力有效激发

发挥党的理论优势，坚持用习近平总书记关于扶贫工作的重要论述武装头脑、指导实践、推动工作，把制度建设贯穿脱贫攻坚工作全过程，制定了“责任、政策、工作、投入、帮扶、动员、督查、宣传、学习”九大制度体系，确保村民小组脱贫工作委员会有效运转。认真贯彻习近平总书记“扶贫先扶志”“扶贫必扶智”的指示精神，先后制定出台《关于完善村民自治提升农户脱贫攻坚内生动力的指导意见》和《关于进一步发挥村集体经济带动作用在建档立卡贫困户中实施激励分配机制的指导意见》。强化“四针对”：针对脱贫工作中遇到的等靠要、不赡养老人、不送孩子上学等行为制定了村规民约，不断完善激励约束机制，推动乡风文明建设；针对贫困群众劳动脱贫意识不强，在贫困户中设置了生产发展岗和公共服务岗，倡导“幸福是奋斗出来的”，带动贫困户通过劳动有尊严地实现脱贫；针对贫困群众发展意识不强、脱贫本领不强，以先进带后

进、先富带后富，通过党员（委员）“一带一”，即主任及委员每人负责联系 10 ～ 20 户农户，带领群众学生产技术、传致富经验、解邻里纠纷、帮贫困家庭；针对贫困群众接受先进科学技术能力不强、脱贫精气神不足，通过基地孵化式培训等方式，帮助农户掌握实用技术和劳动技能，确保每一名有学习意愿的贫困人口都能得到有针对性的培训，获得一次免费的就业推荐。通过发挥党的理论优势和实践创新，西盟群众的精神面貌正在发生深刻变化，群众内生动力明显增强。“牢记嘱托、感恩奋进”成为干部群众的广泛共识和自觉行动，群众由衷地感恩习近平总书记、感恩党中央，万众一心、众志成城，誓夺脱贫攻坚战最后胜利。

## 发挥党的群众优势，民族团结边疆繁荣稳定

依靠群众是打赢脱贫攻坚战的“制胜法宝”，成立村民小组脱贫工作委员会就是西盟佤族自治县将脱贫攻坚厚植于群众、打赢脱贫攻坚战的具体实践。注重做好四方面工作：在依靠群众上，充分尊重群众的主体地位，通过脱贫工作委员会这个基层组织，大力弘扬“早干早支持、不干不支持”的政策导向，既注重转变群众等靠要思想，又注重提升群众自我发展能力，坚决杜绝“养懒汉”；在发动群众上，通过脱贫工作委员会，发动群众积极参与脱贫攻坚各项工作，带领群众大力发展生产、维护村庄环境、化解邻里纠纷、丰富文化生活等，夯实了党在边疆的执政基础和群众基础；在组织群众上，深入实施“先锋强志”工程，把农村优秀的致富能手培养成党员或脱贫工作委员会委员，把党员（委员）培养成致富能手，培养了一大批带头致富、带领群众致富的先锋模范；在教育群众上，通过脱贫工作委员会教育引导群众自我管理、自我教育、自我服务、自我提高，实现家庭和睦、邻里和谐、干群融洽。2018 年，西盟佤族自治县人民群众安全感、满意度排名全省第二、全市第一，成为全省民族团结进步示范县，当前正在积极

/ 祭木鼓

/ 佤族新米节

/ 幸福的一家

争创全国民族团结进步示范县。通过充分发挥党密切联系群众的优势，把每一个村民小组脱贫工作委员会都打造成为脱贫攻坚的“桥头堡”，推动农村面貌发生了翻天覆地的变化，党的执政基础得到夯实，农村社会治理能力不断提升。

西盟佤族自治县是全国脱贫攻坚中贫困程度最深、攻坚难度最大的县之一，所面临的诸多脱贫攻坚难题具有普遍性。西盟佤族自治县的脱贫摘帽以实际行动书写了人类减贫史上的中国奇迹，是中国智慧和中国方案的具体实践，是在为人类减贫事业提供中国案例。像西盟这样的贫困县通过认真贯彻中央决策部署顺利实现脱贫，说明中国的其他贫困县，在党的领导下通过努力也能实现脱贫摘帽。在村民小组中成立脱贫工作委员会的创新做法，对全国所有贫困县都具有十分重要的借鉴学习意义，也是一套可推广、可复制、可借鉴的经验做法。

（照片提供：云南省普洱市西盟佤族自治县县委宣传部）

**国网西藏电力有限公司农电工作部** 坚决贯彻党中央、国务院脱贫攻坚决策部署，认真落实自治区党委政府各项扶贫重点任务，主动融入西藏大扶贫格局。在国网西藏电力统一部署下，作为具体工作部门，农电工作部突出抓好“建设坚强电网，助力脱贫攻坚”“围绕精准扶贫，服务脱贫攻坚”“履行社会责任，决胜脱贫攻坚”，取得显著工作成绩。截至2018年底，主电网覆盖63个县共64万户276万人，达全区总人口的82%。通过劳务派遣和业务外包为当地提供1 812个就业岗位，增加当地农牧民收入8.6亿元。深层次开展驻村工作，服务贫困村贫困户，国网西藏电力共派出13批21支工作队1 098名队员，投入经费2 962万余元保障驻村工作。累计安排资金3.2亿元，实施扶贫项目150余项，显著改善当地电力基础设施和公共服务。

## 建设主电网　照亮脱贫路

西藏自治区脱贫攻坚战打响以来，国网西藏电力有限公司坚决贯彻党中央、国务院脱贫攻坚决策部署，认真落实自治区党委政府各项扶贫重点任务，主动融入西藏“打造专项扶贫引导、行业扶贫跟进、社会扶贫支持、援藏扶贫倾斜”大扶贫格局，成立了打赢脱贫攻坚战领导小组，明确了全力服务脱贫攻坚的工作思路和方案，积极投身脱贫攻坚战。国网西藏电力有限公司农电工作部作为具体工作部门，积极主动融入脱贫攻坚中，努力工作，取得显著成绩。

/ 无电地区电力建设——电通珠峰

/ 2018 年 2 月 3 日 19 点 28 分，我国人口最少的行政乡——西藏山南隆子县玉麦乡用上了主电网的电

## 建设坚强电网，助力脱贫攻坚

截至 2018 年底，主电网覆盖 63 个县共 64 万户 276 万人，达全区总人口的 82%，为脱贫攻坚注入了新动力。

一是建设西藏自治区统一电网，支持西藏自治区经济社会发展。“十二五”以来，建成青藏、川藏两条“电力天路”。藏中联网工程 2019 年投入运营。力争 2019 年开工阿里与藏中电网联网工程，2020 年竣工。累计投资 210 亿元，实施无电地区电力建设和农村电网改造升级工程，解决和改善了 156 万人的用电需求和供电质量。

二是实施深度贫困地区专项电网建设。2018—2020 年，投资 64 亿元，实施“三区两州”农村电网改造升级工程，解决了西藏自治区剩余 12 个县域孤网运行问题，主电网覆盖全部 74 个县和主要乡镇，实现西藏全区“一张网”。全面提升供电能力和供电可靠性，到 2020 年，农村电网供电可靠率将达到 99.8%，综合电压合格率达到

97.9%，户均配变容量不低于 2 000 伏安，为深度贫困地区决胜脱贫攻坚提供了安全可靠的电力供应。

三是积极落实西藏自治区脱贫重点工作。推进脱贫易地搬迁工作，完成 205 个扶贫易地搬迁点电工程建设，解决了 6 733 户贫困人口供电问题。奋战 18 天，完成羊八井风湿类风湿性关节炎贫困户搬迁点供电。高效完成洞朗地区 6 个边防点供电，实现边防哨所用上主电网的电，为巩固边防建设、改善戍边官兵生活环境做出积极贡献。2018 年初，在冰天雪地中玉麦乡实现了主电网供电，结束了以小水电为主要电源的历史，边境村民切实感受到了电力行业改革发展并助力脱贫攻坚的新气象、新作为，享受了脱贫攻坚新成果。

## 围绕精准扶贫，服务脱贫攻坚

服务脱贫攻坚重在精准，主要在两个方面发力。

一方面，多渠道解决当地就业，服务当地民生。考虑西藏自治区实际情况，在西藏自治区实行了“三优三降”优惠政策，即招聘高校毕业生在同等条件下，对本地生源、少数民族生源优先组织招聘、面试、录用，降低学历条件、专业要求、录取分数，自 2007 年以来共计招聘 3 885 人，近三年每年招聘高校毕业生 600 人以上，切实有效地促进了西藏籍高校毕业生和贫困家庭劳动力就业。国网西藏电力通过劳务派遣和业务外包为当地提供了 1 812 个就业岗位。为积极履行央企责任，在实施电力工程建设中吸纳当地民工 1.1 万人，特别是贫困人口，用工约 104 万人次，支付劳务费 2.81 亿元；使用运输工具 3.2 万台次，支付运输费 0.56 亿元；采购砂石 39.3 万吨，支付费用 0.57 亿元；使用安保和看护人员等工种 309 人次，支付劳务费 0.12 亿元。增加了当地农牧民收入，切实有效地改善了贫困家庭生活状况。

/ 电亮农家

另一方面，助力全面建成小康社

会。从全力服务西藏自治区精准脱贫、乡村振兴、区域协调发展等战略，助力全面建成小康社会的高度，主动做好供电保障。按照自治区扶贫易地搬迁、农牧民生态搬迁、三岩片区搬迁、边境地区小康村建设等统一部署，加大投资支持力度，优化电网建设时序，同步建好供电配套工程，精准助力打赢脱贫攻坚战，为全面建成小康社会夯实基础。

## 履行社会责任，决胜脱贫攻坚

作为关系西藏自治区能源安全、服务千家万户的大型能源国有骨干企业，国网西藏电力承担着促进经济社会发展、保障和改善民生、维护社会和谐稳定的重大政治责任和社会责任，也承担着决胜脱贫攻坚的历史责任。

国网西藏电力累计安排资金 3.2 亿元，实施扶贫项目 150 余项，显著改善当地电力基础设施和公共服务，完成措勤县光伏电站扩建，光伏容量提升至 1 627 千瓦，年发电量约 120 万千瓦时；建成曲洛乡和达雄乡易地搬迁示范工程，26 户贫困农牧民乔迁

/ 2018 年 9 月，国网西藏电力举办面向西藏高校毕业生和贫困家庭劳动力专场招聘会

/ 2017 年 4 月，世界海拔最高乡——西藏山南浪卡子县普玛江塘乡新一轮农网改造升级开工现场

新居；帮助发展优势特色产业，有力推动地方经济发展和社会进步。

一是深层次开展驻村工作，服务贫困村贫困户。自 2011 年 10 月以来，根据西藏自治区党委政府和各地市安排，国网西藏电力共派出 13 批 21 支工作队 1 098 名队员，分驻全区 7 个地市 10 个县 11 个乡镇 21 个村，公司投入经费 2 962 万余元保障驻村工作。通过国家电网公司对外捐赠项目争取资金 334 万元，在自治区组织的脱贫攻坚晚会上捐款 40 万元，通过多种形式为驻村点贫困群众提供帮扶资金 473.5 万元，实现如期脱贫 115 户 535 人。驻村工作得到各级政府以及广大农牧民群众的认可，两次获自治区强基惠民优秀组织单位奖和一次驻村工作先进集体奖。17 支驻村工作队，分获自治区、地区、县三级先进驻村工作队荣誉，100 多人获自治区、地区、县三级先进个人荣誉。

二是精准实施扶贫搬迁供电工程。自 2016 年开展贫困人口易地搬迁供电配套工作以来，主动与各级扶贫管理部门对接，全力以赴为自治区易地搬迁工作做好电力基础设施建设，确保三电网供区内易地搬迁点和 1 801 户三岩片区整体易地搬迁点的供电。坚持特事特办、急事急办，279 个扶贫搬迁安置点全部如期通电，解决了 6 733 户贫困人口供电问题。

三是积极应对极端气象、地质灾害和高峰用电，保证电力供应。特别是 2015 年 4

/ 萨措村农网改造升级工程建成投运，标志着西藏新一轮农网改造升级工程首个中心村改造升级任务顺利完成

月 25 日，日喀则市定结县、定日县发生 8.1 级地震时，国网西藏电力本着讲政治、讲大局，投资 6 385.94 万元，抢修受损设备，使受灾地区尽快恢复电力供应，有效保障了灾区人民的生产生活用电。主动应对用电负荷快速增长形势，提前研究制定迎峰度冬方案，多次协调提升青藏直流电输送能力，合理安排 9E 燃机顶峰发电，保障了藏中电网电力供应。

国网西藏电力助力脱贫攻坚取得了显著成绩，农电工作部承担了一系列具体工作，做出了突出贡献，但他们深知，脱贫攻坚工作进入了攻克堡垒期，今后的任务更加艰巨，下一步将按照党中央国务院、自治区党委政府和国家电网公司部署要求，进一步创新机制，实行更科学更有效的扶贫举措，汇聚强大力量，努力啃下脱贫攻坚的硬骨头，合力同心打赢这场硬仗。

（照片拍摄：王建君　党亚利　索朗多吉）

**陕西省安康市新民风建设领导小组办公室** 安康市坚持“扶贫先扶志，治穷先治心”，大力推进“诚孝俭勤和”新民风建设，把整治陋习、培育良俗作为有效增强贫困群众脱贫致富内生动力的重要措施，为打赢脱贫攻坚战提供了优良民风保障和社会思想基础。2017年3月以来，通过道德评议先后帮教转化“等靠要、争访闹”反面典型4 422例，1 762户群众主动申请退出贫困户，获评2017年度陕西省脱贫攻坚工作成效考核优秀单位。全市贫困人口由2015年底的58.17万人减少到2019年5月的26.96万人，贫困发生率下降13个百分点。陕西省委先后两次在安康市召开现场会，推广这一经验做法。

# 新民风补齐贫困群众“精神短板”

陕西省安康市属川陕革命老区和秦巴山集中连片特困地区，总面积2.35万平方公里，总人口305万，所辖9县1区都是贫困县，其中深度贫困县4个，贫困人口数量和贫困发生率均居陕西省之首。近年来，安康市坚持“扶贫先扶志，治穷先治心”，大力推进“诚孝俭勤和”新民风建设，把整治陋习、培育良俗作为有效增强贫困群众脱贫致富内生动力的重要措施，有效破解了扶贫扶志中“法律手段用不上、行政措施难奏效、说服教育不管用”的难题，为打赢脱贫攻坚战提供了优良民风保障和社会思想基础。《新民风助推脱贫攻坚扶贫扶志的“安康经验”》荣获陕西省宣传思想文化工作创新奖一等奖，入选全国宣传干部学院教材。陕西省委先后两次在安康市召开现场会，推广这一经验做法。

## 以“五字新风”破解陈规陋习

针对一些贫困群众脱贫主动性、主体性不强，“不怕穷、习惯穷、争当穷、无奈穷”成为最难啃的硬骨头，安康市在2015年旬阳县先期试点的基础上，于2017年3月以市委1号文件出台《关于大力推进新民风建设的实施意见》和7个配套实施方案，旗帜鲜明地倡导“诚孝俭勤和”五字新风，改造民风民俗，塑造时代风尚。倡导“诚”，引导贫困户如实反映个人收支状况，客观反映干部帮扶实绩；倡导“孝”，教育群众重塑家庭伦理之道，自觉履行赡养父母的义务；倡导“俭”，刹住红白喜事大操大办之风，

/ 帮爷爷泡泡脚

减轻贫困群众因请客送礼造成的沉重经济负担和精神负担；倡导“勤”，以自强不息的精神状态和自信自立的主体意识，把摆脱贫困的命运掌握在自己手上；倡导“和”，妥善化解争当贫困户、脱贫不愿退出等缠闹扯皮甚至以闹求决、以访谋利等问题，防止“越懒越有收益”的负面效应发生。为使“诚孝俭勤和”新民风在乡村深耕厚植，融入群众日常生活，在时间安排上突出“三年三个阶段”，即“一年初见效、两年大变样、三年成新风”。在推进步骤上突出“三个三分之一”，市、县、镇每年分别培育三分之一的示范县、示范镇、示范村，一级抓一级，层层抓示范，三年全覆盖。在载体设计上突出“说论亮”，抓住道德评议这个“牛鼻子”，让群众说、大家论、集中亮，体现出思想上的自觉与行动上的主动，同时力推“移风易俗、文化传播、文明创建、诚信建设、依法治理”活动，形成同频共振、同向同行的强大合力。在保障措施上“上硬菜”，成立了主要领导挂帅的领导小组，实行“一把手”负总责，建立考评体系，坚持奖优罚劣，层层传导压力，把新民风建设的“软指标”变成“硬任务”，化“无形”为“有体”。

## 以“一约四会”推动乡村治理

主要做好三方面工作。

一是立好规矩。全市 1 883 个村（社区）通过“四议两公开”、村民会议表决、人人签字确认等方式和程序，将“诚孝俭勤和”新民风纳入村规民约，贯穿破旧立新、直击致贫痛点，做到“一村一约”，避免“千村一面”。比如，岚皋县一些村规民约规定宴席每桌不得超过 14 个菜，随礼不得超过 100 元；紫阳县多数村规民约规定“份子钱”不超过 100 元，红白喜事宴席每桌标准不准超过 200 元，为群众提供普遍认同的行为规范和约束准则。

二是健全组织。在全面修订完善村规民约的基础上，各村（社区）由群众推选德高望重、办事公道、热心公益、组织协调能力较强的老党员、老干部、老模范、老教师、老军人“五老”人员，以及人大代表、政协委员等新乡贤，建立健全村民议事会、道德

/ 婚事新办

评议会、红白理事会和禁毒禁赌会，实现大家事、大家议、大家定、大家办，了解了民意、集中了民智、办好了民事、赢得了民心。

三是整治陋习。镇（办）每年对“四会”组织负责人开展培训 1 次，引导公职人员、村组干部、乡贤能人带头践行村规民约，党员干部操办婚嫁喜庆活动申报率和承诺率达 100%。2018 年，全市举办集体“升学礼”1 113 场，每个高考家庭平均节约开支 2 412 元；农村摆酒席同比减少三分之二，人情消费下降了七成，红白喜事节约费用 3 269 万元，让广大群众摆脱了身在其中、深受其苦的人情怪圈。

## 以道德评议激发内生动力

主要做好三方面工作。

一是确定评议对象。以村（社区）为单位，围绕好人好事、善行义举等新风正气和社会生活中“不诚、不孝、不俭、不勤、不和”等法律不明确、政策不具体、干部不好管的突出问题，尤其是脱贫攻坚中的“等靠要、争访闹”现象，由村（社区）党支部拟定评议主题和对象，每季度开展不少于 1 次的道德评议。

二是规范评议程序。由村（社区）道德评议委员会在村组或院落主持召开评议会，采取面对面评议的方式，通过群众说身边现象、乡贤论是非对错、榜上亮正反典型，

/ 镇坪县上竹镇松坪村第三季度新民风道德评议会议现场

解码一些“靠着墙根晒太阳、等着别人送小康”“要懒懒到底、政府来兜底”等贫困户“懒汉难扶”现象。2017 年 3 月以来，共开展道德评议 7 377 场次，树立正面典型 12 713 例、反面典型 4 763 例。

三是帮教转化后进。对评出的后进典型，采取“一人一案、一事一策”办法，落实包帮责任，解决实际困难，促其打开心结，树立正确的做人做事准则，倒逼当下改“懒病”，长久立志气。比如，旬阳县吕河镇江店社区贫困户周某曾三年赴各级相关单位上访 238 次，“理直气壮”地要帮扶、讨救济，社区道德评议委员会将其评为后进典型，使其受到极大触动，后来在社区支部书记一对一帮扶下，周某逐渐转变“等靠要”思想，一人养了 3 头牛、4 头猪、20 只羊和 15 只鸡，已住进移民搬迁安置新房，顺利脱贫。2017 年 3 月以来，共帮教转化“等靠要”等反面典型 4 422 例，1 762 户群众主动申请退出贫困户。

## 以激励约束释放正向效应

做好“三纳入”。

一是纳入典型选树。对评议出的勤劳致富、身残志坚等正面典型，大力褒奖颂扬，纳入先进模范评选表彰活动推荐范围。2017 年以来，共评选表彰“最美家庭”6 945 户，“好婆婆”“好媳妇”“好妯娌”12 710 人；树立勤劳致富典型 4 562 例，脱贫攻坚自强

/ 旬阳县金寨镇寨河社区扶贫扶志专题道德评议会现场

标兵 3 713 人。郑远元等成为全国脱贫攻坚奖获奖者。

二是纳入道德积分。把典型评选与“爱心超市”和“道德银行”建设有机结合起来，建成并运行“爱心超市”1 065 个，群众以行动挣积分、以积分换实惠，累计兑换物品 2 500 批次，受益贫困群众 22 万余人，形成有劳才有得、多劳才多得的正向激励。

三是纳入政策约束。对于极个别屡教不改的，探索了一些后果可控、帮教对象可承受的惩戒措施。比如，宁陕县依托道德评议，对有劳动能力不劳动、不发展产业、不赡养老人且反复劝说无效的后进典型，除医疗、教育、住房等硬性扶持政策维持不变外，按下财物慰问、产业奖补等帮扶“暂停键”，反向激励贫困户改变积习顽症。宁陕县梅子镇安坪村胡某某，不思进取，好逸恶劳，酗酒成性，村道德评议委员会劝说、帮教无效后，对其作出“停帮”决定，促使胡某某认识到错误，把精力转移到发展生产上，全力以赴开展中药材、核桃、板栗种植。胡某某的事例，让当地存在“等靠要”思想的贫困户深受触动。

## 以宣传教育促进成风化雨

全方位开展宣传教育，成效显著。

一是理论宣讲覆盖全。有效整合人员队伍、资金资源、平台载体、服务项目，市级抓百场示范、县区抓整体带动，扎实开展政策、文化、科技、健康、法律“五项教育”和“扶贫扶志”宣讲“村村行”活动，把党的好政策送到千家万户。

二是新闻宣传声势大。《安康日报》、安康电视台和安康人民广播电台开设《我们的价值观·我们的新民风》《脱贫攻坚扶贫扶志》等专题专栏，刊发稿件3 000余篇，新华社、《人民日报》等媒体报道300余次。

三是网络宣传辐射广。依托新媒体平台，推出了《我们的新民风》电子书，50个百字小故事，图文并茂地讲清了“安贫可耻、勤劳光荣”的大道理。

四是社会宣传氛围浓。张贴“诚孝俭勤和”宣传挂画25万余张，创编“新民风训言”年画27万幅，建设“诚孝俭勤和”文化墙13 286块，形象生动地宣传社会主义核心价值观和新民风。

五是文艺宣传形式活。落实政府购买公共文化服务资金300万元，开展文化扶贫“一村一年一场演出”2 018场。白河县创作《新民风七字歌》，“黄土地里门路广，社区工厂做工忙……”等朗朗上口、广为流传。紫阳县开展“百场文艺进百村”活动，配合中央电视台录播了《乡约·紫阳》。汉滨、石泉、平利、镇坪《第一书记》《我要当贫困户》等小品小戏深受基层群众欢迎，潜移默化地教育引导群众树立“脱贫靠勤劳、不能等靠要”的思想观念。

（照片拍摄：刘明）

/ 烟雨蒙蒙的龙头新村

**甘肃省政协脱贫攻坚帮扶工作协调领导小组办公室** 在西和县探索形成了“打通配置、强强联合、各展所长、优势互补”的帮扶思路，帮扶单位的强项优势得到了发挥，短处弱项得以规避，帮扶工作由过去的“独奏”变成了“合唱”，得到中央有关领导的肯定。聚焦“两不愁三保障”目标任务，组建3个帮扶小分队专项督办、跟踪落实，有力推动了帮扶政策落地见效。引进脱贫项目170多项、扶贫资金3亿多元，建成扶贫工厂和扶贫车间55个，带动1.5万户贫困户配股分红，扶贫产业发展实现了质的飞跃。2018年，西和县75个贫困村出列、3.2万人脱贫，贫困发生率降至11.7%。农民人均可支配收入比2017年增加662元，其中贫困人口人均增收1 000元以上。贫困村基础设施、基本公共服务已基本达标，农村整体面貌开始向美丽乡村转变。

# 创新机制　真帮实扶<br>引领全县脱贫工作打了翻身仗

西和县是甘肃省贫困程度最深的三个县之一。2018年以来，省政协主要领导把帮扶西和县作为分内工作、第一责任、头号任务，在机关常设正处级帮扶办，配强帮扶人员，带领帮扶办公室创新机制，改革帮扶方式，以钉钉子精神抓协调、抓实施、抓推进，推动西和县脱贫工作打了个漂亮的翻身仗。

## 加强领导，尽锐出战，在脱贫攻坚中书写政协担当

帮扶办号召全体机关干部、政协委员，以投身脱贫攻坚主战场为荣，以取得帮扶实效为评判工作成绩、履职作为的主要标准，省政协主席会议成员带头把主要精力放在脱贫攻坚上，为所有帮扶单位做出了表率。

一是落实责任抓组织。成立以省政协党组书记、主席为组长，部门主要负责同志为成员的脱贫攻坚帮扶工作协调领导小组，抽调10名干部充实到省政协帮扶办，专职从事帮扶的联络、协调、推进、监督等工作。建立定期召开西和县脱贫攻坚帮扶工作推进会、脱贫攻坚工作协调会、省直帮扶单位联席会议等工作机制。制定了帮扶工作三年规划和年度行动计划，把任务、责任和要求细化到具体单位、具体人员和具体岗位，形成了挂图作战、跟踪督查、动态管理的帮扶工作机制。

二是领导带头抓实施。帮扶办不仅明确普通干部的帮扶责任，而且对主席会议成员

/ 省政协率团赴青岛开展脱贫攻坚项目推介会暨签约仪式

如何开展工作也提出了评判和量化标准。比如，省政协主要领导率先垂范履行省级包抓领导“统领统揽统筹”帮扶责任，先后 18 次主持召开各类协调、对接、推进会议，亲自做指导、抓谋划，省政协各部门负责同志迅速跟进督促，蹲点抓推进、抓落实，形成了以上率下、同心同向、合力攻坚的格局。

三是尽锐出战抓实干。帮扶办在精心筛选的基础上，向省政协党组建议，选派 1 名同志到西和县挂职县委副书记、7 名同志担任驻村工作队队长，并为他们解决基本办公条件和交通、通信补助，让他们甘心、顺心、安心驻村开展帮扶工作；组建 8 个帮扶小分队，由厅级领导担任队长，紧扣问题突出的 8 个领域，集中精力抓中央和省委决策部署落地见效；组织 152 名机关干部认领西和县 6 个贫困村 346 户贫困户，分批次深入贫困村、贫困户，积极做好知民情、解民忧、纾民怨、暖民心的工作。

## 履行职责，创新机制，用改革的办法提升帮扶实效

针对帮扶单位各自为政、力量分散、帮扶成效不明显的问题，帮扶办在牵头领导的指导下，整合各级帮扶单位力量，打通配置，优势互补，帮助全县将帮扶的“游击队”锻造成了有组织、有协作、有专长的“生力军”，不仅解决了“谁来帮”的问题，还同时解决了“怎么帮”和如何实现效益最大化的问题。突出做好三方面工作。

一是问诊把脉，理清帮扶思路。帮扶办在牵头领导的带领下，2018 年春节刚过就深入全县所有贫困乡、贫困村开展拉网式蹲点调研，解剖麻雀，找准贫困的症结所在，提出“一户一策”帮扶需求清单和方案，理清帮扶方向、着力重点和实施步骤，梳理形

成了“扬长避短、打通配置、各展所长、强强联合、优势互补、形成合力”的帮扶工作思路。

二是创新方式，建立协调机制。帮扶办出台了《省政协联系帮扶西和县省直组长单位工作规则》《省政协脱贫攻坚帮扶工作协调领导小组办公室工作规则》《省政协西和县脱贫攻坚帮扶工作省市帮扶单位责任书考核办法》等制度，与西和县 31 家帮扶单位签订了责任书，把来自国家定点扶贫、东西协作、省市各级帮扶单位的力量整合起来，在全县范围内打通配置，让各单位发挥优势，专做自己最擅长、最专业的事情。

三是形成合力，一盘棋开展工作。机制一新，全盘皆活。机制的创新，让各单位在抓好自己联系村工作的同时，把帮扶工作覆盖到了全县所有贫困村，部分单位的强项、优势得到发挥，短处得以规避，帮扶工作由过去的“独奏”变成了“合唱”，取得了事半功倍的帮扶效果。比如，机制调整后，全国妇联主要负责在大中城市帮助推介家政服务和联系手工产品订单两件事，发挥了妇联的优势，培训输转贫困妇女劳动力比 2017 年翻了一番；青岛市市北区主要负责在青岛市联系劳动力的输转和吸引中小企业到西和县建扶贫车间，输转劳动力由 2017 年的 30 多人增加到 2018 年的 500 余人；省生态环境厅不仅完成了 8 个联系村的垃圾、污水处理和村容村貌改造，同时对 10 个乡镇实施了饮用水水源地的保护项目；省人民医院不到半年时间建成了 5 个专业医疗中心，轮训了全部贫困村的医务人员，网上远程医疗服务实现了全覆盖；陇南市政法委在全县所

/ 省政协有关同志调研西和县产业发展情况

/ 省政协、省文联在西和县联合举办文化科技卫生“三下乡”暨春节慰问活动

有贫困村开展普法教育和平安创建，半年之内刑事案件发生率同比下降 41%。这一帮扶模式的创新，得到了中央有关领导的肯定，国务院扶贫办专门刊发了工作简报，省委省政府部署在全省学习推广。

## 主动对接，上门协调，当好扶贫资源落地的协调员

为切实解决扶贫政策、项目、资金等资源接不住、接不准、接不全的问题，在省政协主要领导的支持下，帮扶办建立了沟通省直、对接东西的协调机制，破解了政策、项目、资金落实悬空的问题。

一方面，建立了省政协主要领导帮助对接扶贫政策、项目、资金的制度。针对帮扶工作年度计划和阶段性任务需求，帮扶办提出需要协调对接的清单，请省政协主要领导根据不同领域、不同项目需求，与相关省直单位、国家定点扶贫和东西协作单位，一项一项对接、一个一个沟通，先后召开 12 次协调会议，与 31 家单位进行了面对面协商，推动扶贫政策、项目、资金尽快落地。比如，帮扶办协调省住建厅对全县的美丽乡村建设进行指导，不仅对所有贫困户的危房进行了改造，而且对所有贫困村残垣断壁和无人

居住的 15 个旧庄子进行了拆除，拆出了一片新天地，拆出了一批新村主。

另一方面，跟踪协调，确保议定事项落地见效。帮扶办建立挂牌销号制度，狠抓省政协主要领导与部门单位协调对接事项的落实，先后 76 次到相关厅局、单位对接，落实一项、销号一件，提高了工作的精准率和政策、项目、资金的落地率。比如，协调省电力公司投资 1.6 亿元，完成全县所有自然村通动力电、所有贫困村光伏全覆盖和农村电网的升级改造；与财政、发改、农业农村等省直部门对接，协调落实产业扶贫资金 3.3 亿元，帮助 1.26 万户贫困户发展扶贫产业，扶持 452 家合作社带动 16 431 户贫困户入股合作社，实现应扶尽扶、应帮尽帮。

## 争取支援，集聚资源，为脱贫攻坚注入活力和动力

帮扶办充分发挥政协联系面广、人才荟萃的优势，动员各方面力量为西和县脱贫工作献计献策、出钱出力，形成了多点发力、各方出力、共同给力的帮扶格局。

一是组织政协委员、民营企业家与西和县开展脱贫攻坚项目对接。帮扶办向省港澳政协委员、民营企业家发出了投身西和脱贫攻坚倡议书，先后组织 7 批次省港澳委员、民营企业家到西和县开展扶贫济困活动，协调组织系列扶贫项目推介会，推动奇正集团、使乐天文化传媒、众城拍卖等民营企业与西和县签约启动了 10 个扶贫项目，帮助建成 55 个扶贫车间，解决了西和县长期以来想解决而无法解决的一些难题。先后引进中国中药控股、北京德青源、云南百年置业、云南丽江正龙集团等大型企业到西和县实施扶贫项目，累计引进项目 170 多项，引入扶贫资金 8 亿多元。一批引领性强、成长性好的项目已开工建设，扶贫带动作用已经显现出来。

二是组织带领西和县走出去招商引资。省级领导为一个县的脱贫工作赴发达地区开展招商引资，为西和县干部群众做出了示范。帮扶办协调省政协主要领导带领西和县相关部门单位赴广东、青岛等地开展扶贫招商，先后在广州、深圳、佛山签约企业 38 家，落实项目 55 个，在青岛签约企业 31 家，落实项目 32 个。

省政协主要领导考察德青源“金鸡产业扶贫”项目

/ 省政协主要领导走访慰问大唐村困难党员

三是主动对接，深化东西协作。帮扶办协调帮助西和县扶贫企业赴广州、深圳、青岛开展特色农畜产品推介展销活动，帮助西和县在广州、深圳、青岛等地设立农畜产品营销专柜，使扶贫产品走出大山，进入全国一线城市。比如，在青岛市市北区设立的一处营销专柜，仅 2018 年的营销收入就达到 5 300 余万元。同时，协调西和县与青岛市市北区 9 所学校、1 所医院建立结对帮扶关系，为西和县脱贫攻坚培训了一批急需的教师和医护人员。

在帮扶办的协调下，目前西和县各级帮扶力量和本土扶贫干部、贫困群众已融为一体，由“物理组合”产生了“化学反应”，推动全县扶贫工作发生了根本性的改变。2018 年，西和县 75 个贫困村出列、2.2 万人脱贫，全县农民人均可支配收入比 2017 年增加 662 元，其中贫困人口人均增收 1 000 元以上。贫困村基础设施、基本公共服务已基本达标，农村整体面貌开始向美丽乡村转变，贫困程度在 23 个深度贫困县中由第 21 位上升到第 19 位，极大地提振了全县干部群众打赢打好脱贫攻坚战的精气神，也进一步增强了帮扶办完成脱贫攻坚最后任务的信心。

（照片提供：甘肃省政协脱贫攻坚帮扶工作协调领导小组办公室）

**青海省西宁市湟中县** 全县动员投入脱贫攻坚战，以“敢叫日月换新天”的坚定决心、“不破楼兰终不还”的持久韧劲、“为谁辛苦为谁甜”的为民情怀、“巧用匠心织丝缕”的绣花功夫，一仗接着一仗打、一关接着一关闯，顺利摘掉国家级贫困县和六盘山集中连片特困地区贫困县的“穷帽子”。把脱贫攻坚作为政治责任扛在肩上，把推动落实作为重中之重抓在手上，把凝聚力量作为关键一招落到实处。强化“五项举措”，做足“增收”文章；突出“三大领域”，做实“保障”文章；把握“一个原则”，做好“补短”文章。立足实际，务实创新，探索实践长远脱贫之路：解贫困家庭“闹心事”，办减贫就医“暖心事”，谋扶志励志“长远事”，做资金监管“分内事”。

# 聚力脱贫 勠力攻坚

湟中县位于青海省东部，县境西、南、北三面环围省会西宁市，海拔 2 225 ~ 4 488 米，总面积 2 700 平方公里。全县辖 10 个镇、5 个乡、1 个街道办事处，常住人口 46.01 万。2001 年，湟中县被国家确定为扶贫开发工作重点县，2011 年被国务院列为六盘山集中连片特困地区。经多轮精准识别、数据比对，全县贫困村 156 个，建档立卡贫困人口 9 127 户、29 092 人。自精准扶贫工作开展以来，湟中全县动员、全员上阵、全力以赴，以“敢叫日月换新天”的坚定决心、“不破楼兰终不还”的持久韧劲、“为谁辛苦为谁甜”的为民情怀、“巧用匠心织丝缕”的绣花功夫，一仗接着一仗打、一关接着一关闯，于 2018 年顺利摘掉国家级贫困县和六盘山集中连片特困地区贫困县的“穷帽子”。

## 提高站位，强化保障，坚决扛起脱贫攻坚之责

一是把脱贫攻坚作为政治责任扛在肩上。重点抓了三方面工作。第一，构建协调高效的指挥体系。建立健全以县委县政府主要领导为“双组长”的脱贫攻坚指挥部，纵向建立“三级”责任体系，横向设立“九大”职能部室，构筑起“横向到边、纵向到底、责任到人”的指挥体系，形成“县级统筹抓、乡镇直接抓、部门分工抓、村级具体抓”的工作格局。第二，建设坚强有力的基层堡垒。通过选优配强村干部、持续整顿软弱涣散党组织、实施村级活动场所改造升级项目等措施，不断强化基层党组织建设，使党建

/ 湟中县田家寨镇田家寨村千紫缘扶贫种植园员工采摘枸杞芽茶

工作更好地引领扶贫、推动扶贫。第三，配强善作善成的扶贫队伍。在选、派、用上下功夫，先后为扶贫局调配科级干部 4 名，充实干部职工 20 余名；乡镇扶贫工作站均有 3 ~ 6 名工作人员；向贫困村选派第一书记 156 名、驻村扶贫干部 313 名，向非贫困村派出干部 480 名，保证每个贫困村 3 名、每个非贫困村 2 名扶贫工作人员，夯实了县、乡、村三级脱贫攻坚力量。

二是把推动落实作为重中之重抓在手上。重点抓了三方面工作。第一，构筑全要素政策保障体系。制定《湟中县“八个一批”脱贫攻坚行动计划》和《十个行业扶贫专项行动方案》以及涵盖资金使用、项目管理等方面的制度措施 33 项，打出“1+8+10”攻坚“组合拳”，保障了脱贫攻坚有序开展。第二，构筑全过程责任考评体系。严格落实“一把手”负责制和县级领导包保乡镇、县直机关单位包保非贫困村的“双包”责任机制，通过预警提醒、通报督办等措施，层层传导压力，倒逼责任落实。制定出台《湟中县精准扶贫工作考核细则》，将脱贫攻坚纳入各级党政班子绩效目标考核范围，加大考核权重，强化结果运用，保证脱贫攻坚责任、人员、措施到位。第三，构筑全方位监督问责体系。加强内部、行业、社会、执纪全方位监督，先后制定《湟中县第一书记和驻村工作队干部日常管理细则》《湟中县精准扶贫工作责任追究细则》等制度，大力开展扶贫领域专项巡察和作风问题专项治理活动，全面强化对扶贫干部的硬性约束、对项目资金的监督管理。

三是把凝聚力量作为关键一招落到实处。重点抓了三方面工作。第一，注重营造浓厚氛围。通过开展思想脱贫宣讲、曲艺节目传唱等宣传活动，大力宣传各项扶贫政策、工作成效和脱贫攻坚典型事迹，形成了全社会齐谋划、齐参与、齐推进的良好氛围。第二，注重树立正确导向。研究制定《湟中县进一步强化脱贫攻坚组织保障的若干措施》，坚持在脱贫攻坚第一线考察识别干部，三年来从扶贫一线选拔干部 32 名。第三，注重正向激励引导。出台《湟中县贫困户励志奖励实施方案》，以典型事例提振贫困群众脱贫信心。2018 年表彰奖励脱贫光荣户 77 户、脱贫致富明星 10 名、扶贫创业明星 10 名。制定《村“两委”班子绩效考核奖励办法》，全面落实村干部报酬增长机制和从优秀村“两委”干部中选拔乡镇领导干部政策，全面激发村干部投身脱贫攻坚的工作热情。

## 围绕目标，突出重点，全面落实脱贫攻坚之策

一是强化“五项举措”，做足“增收”文章。第一，注重扶贫项目引导。聚焦贫困群众需求，因地、因村、因户确定项目，引导贫困群众就地就近发展产业，拓宽增收渠道。三年来，先后实施特色种养、光伏扶贫、乡村旅游等扶贫项目 565 个。第二，注重扶贫产业培育。通过项目推动、园区拉动、企业带动等方式，探索推行“园区＋企业＋合作社＋贫困户”“党支部＋合作社＋基地＋贫困户”等扶贫模式，培育了一批

/ 湟中县卡阳花海

特色产业。立足新型经营主体培养，发展扶贫龙头企业和专业合作社 76 家，带动帮扶贫困人口达 1.3 万人。立足已有产业基础，打造民族文化旅游产业园，带动全县文化旅游产业快速发展，8 100 余名群众吃上了“文化饭”、挣上了“文化钱”。立足良好资源禀赋，建成 2 座光伏扶贫电站，5 500 余户贫困群众从中受益；打造乡趣卡阳、拦隆口慕容古寨等一批集休闲度假、旅游观光、餐饮娱乐于一体的田园综合体，带动 1 100 名贫困群众实现多元增收。第三，注重就业创业扶持。瞄准市场用工需求，整合培训资源，有针对性地开展家政服务、园林绿化、生态管护、电子商务等实用技能培训，组织开展大型专场招聘会，助推贫困劳动力就业创业，努力实现“就业一人、脱贫一户”目标。三年来，累计培训贫困劳动力 15 400 余人次，转移输出贫困劳动力 7 222 人。第四，注重金融信贷支持。为每个贫困村安排 50 万元互助资金，搭建财政支农扶贫融资、互助协会等平台，加大信贷资金支持，撬动银行贷款 3.56 亿元，财政贴息 963 万元，解决了贫困群众、扶贫专业合作社和扶贫龙头企业贷款难、融资难问题。第五，注重集体经济发展。大力实施村级集体经济“破零”工程，整合贫困村集体经济发展资金 1.6 亿元，实施村级光伏扶贫电站项目；为每个非贫困村安排 100 万元村级集体经济发展资金，通过盘活集体资源、兴办实体经济、入股优质企业等方式，全面消除村级集体经济“空壳”。

二是突出“三大领域”，做实“保障”文章。第一，强化义务教育保障。三年来，实施学前教育等农村教育项目，改扩建校舍面积 17.9 万平方米，农村教育基础设施得到全面巩固。严格落实贫困家庭学生 15 年免费教育、“三免三补”等政策，城乡贫困家庭大中专学生资助实现全覆盖。加大控辍保学力度，实现全县建档立卡贫困户义务教育阶段学生“零辍学”。第二，强化基本医疗保障。全面实施健康扶贫工程，全县贫困村标准化卫生室覆盖率达 100%。建立“幸福西宁·健康药箱”慢性病常用药品免费发放制度，全面落实贫困群众就诊“一免十减十覆盖”、健

/ 湟中县李家山镇岗岔村组建曲艺演唱队

/ 湟中县卡阳乡村旅游农家乐

康扶贫“三个一批”等医疗保障政策，保证了贫困群众“看得起病、看得上病、看得好病”。第三，强化安全住房保障。投资 2.36 亿元，累计改造农村危旧房 8 834 户，其中建档立卡贫困户 1 991 户，全县脱贫户危房全部“清零”。实施易地扶贫搬迁项目，先后投入 1.5 亿元，搬迁安置 714 户 2 337 名群众，从根上解决了长期困扰群众的出行难、就医难、娶妻难、增收难等问题。

三是把握“一个原则”，做好“补短”文章。第一，完善基础设施建设。按照“缺什么补什么”原则，投资 3.29 亿元，实施村道硬化、饮水安全巩固提升等工程，所有贫困村安全饮水、道路硬化、安全用电、宽带网络实现全覆盖。第二，配套公共服务设施。投资 1.53 亿元，配套建设贫困村标准化卫生室、村级综合服务中心，完成贫困村环卫设施、文体活动设施配置，全县所有贫困村基本公共服务设施整体水平得到全面提升。第三，改善人居生活环境。结合高原美丽乡村建设、农村环境综合整治、生态环境保护等项目建设，着力绿化美化群众家园，综合治理环境卫生，培养文明乡风，贫困村面貌焕然一新，贫困群众的精气神显著提升。

## 立足实际，务实创新，探索实践长远脱贫之路

一是解贫困家庭“闹心事”，教育扶贫扶助圆了贫困学子大学梦。全面摸排调查贫困家庭学生就学情况，建立贫困家庭大中专学生信息库，实行贫困家庭大中专学生资助政策，按照每人每年一本大学 7 000 元，二、三本大学 6 000 元，专科 5 000 元，预科 4 000 元，中职 3 000 元标准资助学费。同时将符合条件的贫困大学生纳入城市低保范围发放生活费。三年来，累计为贫困家庭大中专学生 3 212 人次落实学费 1 608 万元、发放生活费 392.66 万元。

二是办减负就医“暖心事”，扶贫健康保再筑一道惠民保障线。在构筑基本医疗、大病医疗救助、民政医疗救助三道保障线基础上，对贫困群众城乡居民基本医疗保险

/ 发放脱贫光荣证

"参合费"予以全额资助，并推行"精准扶贫健康保险"项目，将所有贫困人口纳入商业健康保险范围，财政全额出资补贴保费，提高保险赔付比例，实现贫困户住院费用个人自付比例控制在10% 以内，全面增强了抗风险能力。

三是谋扶志励志"长远事"，励志爱心超市提振贫困群众自信心。采取"联点单位帮扶、社会力量捐赠、县级财政托底"的筹资方式，在全省率先建设"励志爱心超市"，鼓励农户通过参与政策宣传、环境整治、义务劳动等社会公益活动，以表现换积分、以积分换物品，激励引导群众树立自强自立、脱贫光荣的意识，形成崇尚社会公德、弘扬家庭美德的风气，养成热心公益、美化家园的良好行为习惯，实现物质、精神"双脱贫"。

四是做资金监管"分内事"，共管账户打牢扶贫资金管理保险箱。制定《湟中县扶贫专项资金共管账户管理办法（试行）》，按照"专户管理、独立核算、监督使用"原则，采取"项目户 + 第一书记（村干部）+ 信用社 + 乡镇"的四方监管模式，对扶贫专项资金从拨付到使用进行全程监管，真正做到了将扶贫资金每分钱都花在贫困群众身上。

（照片提供：青海省西宁市湟中县）

/ 湟中县"十三五"村集体经济光伏电站

**宁夏回族自治区银川市永宁县闽宁镇** 经过20多年的建设发展，从最初8 000多人的闽宁村发展成6.6万人的闽宁镇。近年来，在党中央、国务院的关怀和区市县党委政府的领导下，闽宁镇脱贫攻坚工作取得了显著成效。全镇移民纯收入由搬迁之初的500元跃升到2018年的12 988元，23年间增长了近26倍。福宁、园艺、木兰、玉海、武河5个村成功脱贫摘帽，当年的“干沙滩”变成了今天的“金沙滩”。把握精准要义，不断创新工作亮点，围绕全力打造东西协作示范点、全力打造乡村振兴示范点、全力打造民族团结示范点，统筹规划，有效实施，成效显著。闽宁镇是易地搬迁脱贫的成功典范。

# 闽宁镇的变迁：从“干沙滩”到“金沙滩”

位于宁夏回族自治区银川市南端、贺兰山东麓、永宁县西部的闽宁镇，是一个纯移民镇，也是闽宁对口帮扶的集中缩影、易地搬迁脱贫的成功典范。1997年，时任福建省委副书记的习近平同志以福建、宁夏两省区简称亲自将其命名为“闽宁村”，自此开启了闽宁镇大开发、大扶贫、大发展的新篇章。2016年7月19日，习近平总书记来宁视察期间，专程到闽宁镇实地察看精准脱贫和产业发展情况，看到当年的“干沙滩”变成了今天的“金沙滩”，习近平总书记对此给予了高度肯定：闽宁镇探索出了一条康庄大道，我们要把这个宝贵经验向全国推广。经过20多年的建设发展，从最初8 000多人的闽宁村发展成6.6万人的闽宁镇，实现了从无到有、从有到优、从优到特的发展目标。全镇移民纯收入由搬迁之初的500元跃升到2018年的12 988元，23年间增长了近26倍。

## 全力打造东西协作示范点

一是注重产业资源引进，因地制宜发展特色产业。引进厦门市建发集团运营闽宁镇红酒销售项目、文化旅游项目、东西扶贫协作干部培训中心。依托落户闽宁镇的宁夏贺兰山东麓葡萄酒产业园区管理委员会办公室，运营闽宁镇红酒一条街，并举办全区第五届宁夏贺兰山东麓葡萄展藤节。推进宁夏大学葡萄酒学院、防沙治沙学院葡萄酒专业搬迁建设。推动宁闽合发双孢蘑菇工厂化示范基地项目、福建沈佳农有机蔬菜种植基地项

/ 闽宁镇群众喜获丰收

目、福建宏达盛白萝卜种植基地项目落地。在闽宁协作第 23 次联席会议上签订《闽宁镇会议中心酒店合作经营项目框架协议书》《富贵兰（宁夏）实业有限公司建设项目协议书》《闽宁镇名特优产品展示展销合作项目协议书》。积极对接农业农村部，申请设立

/ 闽宁镇党委班子成员调研蔬菜种植大棚情况

集酿酒葡萄种植、加工、销售于一体的国家级农业高新技术产业示范区。

二是积极出台政策措施，保驾护航，促进产业发展。出台了《永宁县闽宁镇招商引资优惠政策》，进一步推动企业入驻闽宁镇。不断深化“3+1”对口协作模式，加强闽宁两地合作。充分利用福建省漳州市角美镇闽宁扶贫协作展厅窗口，展示闽宁镇经济发展成就，展销闽宁镇及永宁县的特色产品，扩大招商引资影响范围，探索角美镇民营企业一对一帮扶闽宁镇6个行政村的有效方式。

三是不忘初心，紧紧盯住脱贫任务。对贫困村、贫困户、贫困人口持续开展动态调整，做到村村核对、户户审查、人人见面，确保脱贫攻坚取得实效。同时，把引进产业资源发展特色产业与着力完成好剩余122户551人的脱贫目标和任务、巩固已脱贫1 243户5 191人的脱贫成效、做好2019年原隆村脱贫摘帽工作紧密联系起来，合理布局，让资源向脱贫任务倾斜，工作实实在在，不搞花架子，不做表面文章。

## 全力打造乡村振兴示范点

把乡村振兴作为脱贫攻坚的现实工作抓手和长远工作目标，统筹布局，科学推进。制定《闽宁镇总体规划》《闽宁镇经济社会发展规划纲要（2015—2020）》《闽宁镇新镇区规划》，以及6个行政村的美丽乡村、富民产业规划，形成了从镇到村、从基础设施到产业发展、从公共服务到生态保护等全方位、全领域、全系统的推动闽宁镇可持续发展的蓝图。

/ 闽宁镇党委班子成员调研原隆村扶贫车间情况

一是抓产业兴旺。制定各村产业发展规划，大力发展“一村一品”，形成以“特色种植养殖产业、高效节水现代农业、劳务及商贸物流业、文化旅游产业”为支柱的四大优势特色产业格局，做到“四促进”。第一，促进特色种植养殖业不断扩大。依托宁夏贺兰山东麓葡萄酒产业园区管理委员会办公室，新增种植酿酒葡萄 1.5 万亩，改造提升 0.5 万亩。打造优质桃现代化扶贫产业园，完成木兰村、中光伏养殖园区和 6 个菌草扶贫车间建设。第二，促进高效节水现代农业发展。在全镇范围内逐步退出普通籽粒玉米种植，以福建沈佳有机农业发展有限公司为龙头，全力推进原隆村、福宁村、玉海村、园艺村农业设施园区、玫瑰园等项目建设，扩大酿酒葡萄种植规模，稳步推进园艺村奶瓜瓜、枸杞、白萝卜、胡萝卜产业发展。第三，促进劳务及商贸物流业活力凸显。扶贫车间突出带动就业优势，闽厦、宁萧、夏立派等扶贫车间先后带动就业 453 人，武河村、木兰村、玉海村 3 个扶贫车间正稳步推进建设。鼓励返乡移民创业就业，每个村培育了 3 ~ 5 个带动能力强的劳务输出组织或劳务经纪人，年内劳务输出过万人。第四，促进旅游产业初具雏形。创新“旅游 + 扶贫”模式，充分挖掘闽宁镇文化旅游资源。依托贺兰山东麓百万亩葡萄长廊核心区优势，大力发展葡萄酒产业，提升德龙、立兰、中粮长城等酒庄知名度，打响永宁高端葡萄酒品牌。全面整合葡萄、光伏、红树莓、肉牛养殖等资源，打造以自驾、采摘、赏鉴为主题的闽宁一日游精品线路，开通原隆村乡村游。

二是抓生态宜居。深入推进农村人居环境整治三年行动，解决街道上乱停乱放和村庄内部乱堆乱建问题。加快实施“三管入地”项目和硬化、绿化、亮化、美化工程，完成闽甘路、原隆村污水处理站、玉海村特色街区外网建设，实现水冲式厕所改造和天然气入户率分别达到 65% 和 70%。科学制定闽宁镇生态绿化总体规划，科学布局农田林网、村庄绿化、景观林带，加强绿化林带日常管护。

三是抓乡风文明。扎实开展“十二个一”活动，加强红白理事会建设，发挥村规民约、村训等的约束教导作用，推动移风易俗深入人心。充分挖掘秦腔等传统农村文化蕴含的优秀思想观念、人文精神、道德规范，运用好文化科技卫生“三下乡”、“文化进万家”等平台载体。以参展“决胜 2020 脱贫攻坚展”、在全国公映电影《闽宁镇》为契机，总结闽宁镇东西部协作扶贫经验，讲好闽宁故事，逐步把闽宁镇打造成新时代红色文化的典型。

四是抓治理有效。紧紧围绕“抓党建、夯基础、促脱贫”的工作思路，探索支部管理、脱贫致富、党建共建三种“闽宁模式”。完成原隆村、福宁村党群活动服务站改造提升和武河村、木兰村党群活动服务站新建任务。着力实施“三带三强”“两个带头人”工程，实施“优秀人才返乡计划”，研究制定《永宁县实施“党建强村富民”工程提升闽宁镇基层党组织组织力实施方案》，明确 8 项重点措施，切实提升闽宁镇基层党建水平。

/ 闽宁镇党委班子成员调研企业入驻事宜

五是抓生活富裕。不断实施驻村帮扶、结对帮扶、专项帮扶、社会帮扶，防止返贫。严格按照“两不愁三保障”标准，持续做好建档立卡贫困户和贫困人口精准识别及动态管理等工作，切实摸清贫困人口数量和分布状况，扎实做好脱贫攻坚各项工作，确保贫困人口脱贫增收奔小康。

## 全力打造民族团结示范点

/ 闽宁镇党委班子成员研讨扶贫工作

民族团结是少数民族地区脱贫攻坚的重要内容。通过建阵地、树典型、抓创建、强教育，广泛开展群众性文化体育活动，以“十二个一”为抓手，扎实推进民族团结工作。

一是以村为单位在各族群众中大力开展民族团结教育、惠民政策和发展成就宣传教育以及感恩教育等活动，晓之以理，动之以情。比如，宣讲扎实推进教育脱贫、阻断穷根所取得的成果。近年来，积极落实“金秋助学”“雨露计划”等各项慈善救助、教育惠民政策，每年投入 71 万元，用于做好全镇普惠性幼儿园贫困幼儿助学金、普通高中国家助学金、中职国家助学金的发放。

二是依法管理宗教事务，积极开展宗教活动场所专项治理整治，指导各宗教场所健全完善教职人员聘任、财务公开、安全管理等重大事项集体研究、民主管理制度。

三是每季度举办一次教职人员“三定学习会”，加大对教职人员的教育培训力度。

（照片提供：宁夏回族自治区银川市永宁县闽宁镇）

**山东省对口支援新疆工作指挥部**　围绕助力对口援建的 4 个国家级深度贫困县如期脱贫的目标，2017 年、2018 年累计安排扶贫援疆资金 21.78 亿元。创新就业扶贫，带动 3 万余人就业，其中，建档立卡贫困户近万人。创新产业扶贫，99 个项目落地投产；创新消费扶贫，深化“好品喀什山东行”活动，推动“互联网 +”消费扶贫、金融扶贫模式；创新民生扶贫，实施教育组团援疆“百千万”工程，设立奖学金资助贫困大学生 4 151 人，建设 4.81 万套安居富民房，实施结核病防治项目等；创新社会扶贫，动员社会力量捐款捐物折合人民币 6 477 余万元，探索结对包帮模式，筹措计划外资金 4 500 万元，实施“五小”工程，包帮建设 45 个示范村。

# 担起鲁疆对口援建新使命<br>倾力助推喀什地区如期脱贫

山东省对口支援新疆工作指挥部（简称山东援疆指挥部）援建喀什地区以来，认真贯彻党中央治疆方略和习近平总书记关于扶贫工作的重要论述，牢牢聚焦新疆工作总目标，坚决落实鲁疆两地党委政府脱贫攻坚部署要求。

山东省委省政府高度重视援疆工作，以省委文件形式出台《关于深入推进对口支援和扶贫协作工作的意见》。2018 年 4 月，省委主要领导率党政代表团到喀什调研援疆扶贫工作，两次召开省对口支援和扶贫协作领导小组会议，明确要求援疆扶贫工作要强化体制机制创新，推进资源集聚、资金整合、政策集成，确保山东对口支援和扶贫协作取得更大成就。

脱贫攻坚战打响以来，山东援疆指挥部坚持把助力喀什地区特别是对口援建的疏勒、英吉沙、岳普湖、麦盖提 4 个国家级深度贫困县脱贫攻坚作为重大政治任务，坚决担起脱贫攻坚政治责任，精准施策、创新创优、持续用力，在就业扶贫、产业扶贫、消费扶贫、民生扶贫、社会扶贫等方面创新模式和方法，取得明显成效。2017 年、2018 年累计安排扶贫援疆资金 21.78 亿元，占援疆资金的 82.3%。有关创新经验受到党和国家领导人肯定，被国家部委、自治区作为典型经验推广。

/ 山东援疆指挥部有关领导调研山东援疆企业

## 创新就业扶贫，助力增收脱贫

一是在全疆首创“总部 + 卫星工厂”模式。2016 年，山东援疆指挥部在国家级深度贫困县英吉沙县引进中兴集团成立中兴手套公司，首创“总部 + 卫星工厂”模式，使群众一出家门就可进厂门，这一模式已在全疆推开。中兴手套、海洋服饰等 60 余家劳动密集型企业运营了 365 个卫星工厂。2019 年 7 月，第六次全国对口支援新疆工作会议在喀什召开期间，中央领导同志深入山东对口支援的英吉沙县，视察青岛即发集团服装加工项目、假发编织项目及中兴手套车间等援疆扶贫项目，充分肯定了山东“总部 + 卫星工厂”产业援疆扶贫模式。

二是打造四级联动就地就近就业模式。探索以山东如意、青岛即发等企业总部为依托，促成产业链条、生产工序进村入户，创新形成“县城企业总部—乡镇小微产业园—村卫星工厂—家庭扶贫车间”四级联动、上下贯通的产业促就业服务体系。总计带动 3 万多名群众就地就近就业，其中，直接安置建档立卡贫困户过万人。即发假发、锦绣针织、泰疆服饰等落地 13 个乡镇小微产业园，推动民族刺绣项目入户，带动近 2 000 名群众在家就业。

三是创新劳动力转移内地就业模式。坚持“企业为主体、政府强支持、中介做纽带”的市场运作模式，动员各方力量参与，转移劳动力疆外就业取得明显成效。2017

年、2018年山东对口援建四县，有组织、成建制地分别转移到内地企业就业4 710人、5 612人，均名列19个援疆省市首位。山东援疆指挥部先后在自治区少数民族群众赴内地就业创业座谈会、南疆四地州农村富余劳动力转移就业暨就业扶贫电视电话会议上做典型发言。

## 创新产业扶贫，提升造血功能

一是强势推进招商引资。坚持龙头企业引进与小企业招商并重、已有项目扩大规模与新项目落地齐抓，重点面向纺织服装、农副产品加工等劳动密集型企业招商。两年来，引进山东如意、青岛即发、山东水发等99个投资体量大、就业带动能力强、产业可持续发展的项目。促成山东水发集团投资10亿元，建成5 000亩蔬菜产业示范园。在济宁市对口援建的英吉沙县，围绕打造现代纺织服装基地，引进9家有实力的山东纺织服装企业，使英吉沙县纺织服装企业加快聚集，产业集群效应明显。促成山东国盛新上3 200万套服装项目，已带动3 000余人就业，年内可带动三万人就业，是喀什乃至南疆地区带动就业最多、产业规模最大的单体援疆项目。

二是因地制宜发展特色产业。立足对口援建四县资源禀赋，以产业发展增强“造血”功能，重点围绕建档立卡贫困户发展“庭院经济”“林下经济”，大力推广大蒜、毛

青岛即发集团在英吉沙县萨罕镇小微产业园落地的假发制作项目

木耳、香菇等特色、高效种植项目，带动群众增收脱贫。在日照市对口援建的麦盖提县，山东援疆指挥部围绕建设畜禽加工基地，引进肉羊、肉鸭、蛋鸡等 5 个农业项目，建成 4 万亩棉花种植基地和 3 000 只刀郎羊种羊养殖基地，带动建档立卡贫困户 500 多人增收脱贫。

## 创新消费扶贫，拓宽市场渠道

坚持线下线上联动、内外同向发力，聚合多方资源，推动消费扶贫，使喀什地区特色产品销有出路、卖有好价，贫困群众增收有希望、脱贫有信心。

线下，深化“好品喀什山东行”活动。一是首创“大仓东移”工程。坚持政策性引导、市场化运作、专业化管理，在济南、日照、济宁等地设立山东大仓 3 万多立方米，前置喀什农产品仓储交易平台，累计销售红枣、核桃等特色林果 800 余吨。二是在济南、日照等地设立专卖店 8 家，推动喀什名优农产品进驻济南银座、大润发等大型商超 23 家、专柜近 100 家。三是成立有 180 家农产品供销企业参与的“鲁喀特色农副产品供销联盟”，共同发力促销售。四是在喀什、乌鲁木齐组织消费扶贫产销对接会，达成意向订单总金额 1.1 亿元。五是促成新矿集团等山东企业购买喀什农产品近千吨。

/ 深化“好品喀什山东行”活动，“大仓东移”工程助力喀什农产品走进齐鲁大地

线上，推动“互联网＋”消费扶贫、金融扶贫模式。促成日照大宗商品交易中心上线灰枣、核桃等喀什当地特色农产品；争取郑州商品交易所在麦盖提县的山东援疆企业设立红枣期货交割库，带动红枣加工业发展和果农增收；促成喀什农产品上线中国农业银行总行“益农融商”公益扶贫商城。

## 创新民生扶贫，增进群众福祉

援疆资金向贫困村、贫困户和贫困人口倾斜，80% 以上投向民生基层领域。

一是实施教育扶贫。创新实施教育组团援疆“百千万”工程，即百校牵手、千生定向、万师支援培训，学校结对 57 所，定向招生 350 名，培训教师 7 082 名；设立“山东援疆奖学金”，每年评选表彰 4 500 名品学兼优的学生和 200 名优秀教师，资助贫困家庭大学生 4 151 名。

二是实施安居扶贫。助力安居富民工程及配套设施建设，2017 年、2018 年合计建成安居富民房 4.81 万套，受益贫困群众 9 112 户。探索“前房后院”“上宅下铺”等模式，在院内建设拱棚等设施，发展庭院经济。

三是实施健康扶贫。全面启动结核病防治项目，实现 4 县 48 个乡镇的筛查诊治全覆盖。新建 47 所乡镇全民健康查体中心，提升医疗卫生条件。开展“山东援疆喀什光明行”活动，为 847 名贫困白内障患者免费施行复明手术；组织山东医疗机构对建档立卡贫困户家庭后遗症患者施行康复手术；选派 47 名专家到对口援建四县巡诊、义诊病人 1 500 多人次，防止贫困群众因病致贫返贫。

## 创新社会扶贫，形成帮扶合力

一是深化社会扶贫。广泛动员山东企业和社会团体帮扶，送资金、送项目、送岗位、送科技、送物资，打造立体式援疆扶贫新格局。累计捐款捐物折合人民币 6 477 余

/ 山东援建疏勒县人民医院远程医疗会诊培训中心

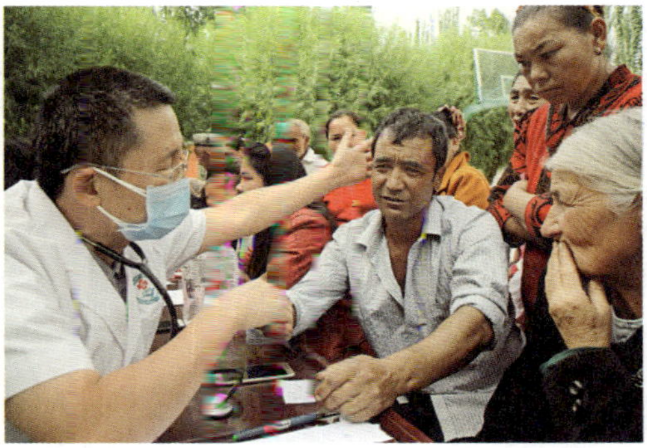

/ 山东援疆医生为贫困群众义诊

/ 东营援疆资金资助疏勒籍贫困家庭大学生

万元，10 万余人受益；动员山东学校累计捐书 300 余万册，改善当地办学条件；试点建设“山东援疆爱心超市”6 个，为建档立卡贫困户提供基本生活用品和生产物资。

二是探索结对包帮模式。筹措计划外资金 4 500 万元，实施“五小”工程，建设扶贫车间、致富大棚、农村亮化、国学项目、村碑村坊村史室等，开展送岗位、送技术、送光明等“十送”行动。包帮建设 45 个贫困村，初步形成了示范效应，已有 32 个村顺利退出贫困村序列，惠及贫困人口 24 033 人，新增就业人员 3 769 人，其中建档立卡贫困户 1 974 人，2 870 户贫困户 10 499 人实现脱贫。

新疆维吾尔自治区党委主要领导对山东产业援疆扶贫、结对包帮贫困村等工作做出批示，予以肯定。2017 年度，在国家发展改革委组织开展的考核中，山东援疆工作获得综合优秀等次，助力脱贫攻坚获得专项考核优秀等次。2018 年度，山东援疆指挥部获得新疆维吾尔自治区脱贫攻坚奖组织创新奖。

（照片提供：山东省对口支援新疆工作指挥部）

**农工党中央社会服务部综合处**　深入学习贯彻习近平总书记关于扶贫工作的重要论述，严格按照国务院扶贫办对中央单位定点扶贫工作的要求，倾情倾力开展帮扶工作。在农工党中央的统一领导部署下，广泛组织动员全党力量，助推贵州省毕节市大方县脱贫攻坚。2018年至今，农工党中央领导班子成员15次赴大方县调研考察、督促指导，全党各级组织踊跃参与。主要举措有：创新思路拓宽理念，做好帮扶工作；大兴调查研究之风，做好顶层设计；全党广泛动员，构建合力攻坚格局；以监督促帮扶，双轮驱动提成效；多管齐下，织密帮扶网络。2017年、2018年在中央单位定点扶贫工作考核中均获得“好”等次。定点帮扶的大方县已于2019年4月退出贫困县序列，脱贫摘帽。

# 为有扶贫多壮志，敢叫僻壤换新颜

脱贫攻坚战是一场不能输的硬仗，农工党中央将政治站位摆在前面，深入贯彻学习习近平总书记关于扶贫工作的重要论述，严格按照国务院扶贫办对中央单位定点扶贫工作的要求，倾情倾力开展帮扶工作。社会服务部综合处作为农工党中央具体负责扶贫工作的处室，在农工党中央的统一领导部署下，牢记责任，未有丝毫之懈怠，广泛组织动员全党力量，助推贵州省毕节市大方县脱贫攻坚。2017 年、2018 年在中央单位定点扶贫工作考核中均获得“好”等次。定点帮扶的大方县于 2019 年 4 月退出贫困县序列，脱贫摘帽。2019 年 7 月，大方县接受了国务院对贵州省退出贫困县情况的抽查。检查组对大方县的评价是：经过工作测算，贫困发生率 1.85%，无错退漏评，群众认可度高，脱贫成效真实可靠，质量过硬，经验亮点多。

## 帮扶尽全力　工作有实效

农工党中央定点帮扶的大方县提前一年退出贫困县序列，实现脱贫摘帽。这其中既有大方县人民的艰苦奋斗，也包含农工党中央社会服务部综合处的辛勤付出。农工党中央自定点帮扶大方县以来，始终把大方的事当作自己的事，举全党之力，满怀真情、倾尽全力，帮扶思路实、帮扶措施实、帮扶成效实，助力大方脱贫攻坚。先后实施帮扶项目 287 个，投入款物 1.26 亿元；引进项目 5 个、资金 70.55 亿元；培训基层干部 1 526 人次、教师 5 305 人次、医务人员 5 509 人次、农业技术人员 1 200 人次；协

/ 农工党中央工作人员为大方县建档立卡贫困户老人播放录制的歌曲《没有共产党就没有新中国》

调国家发展改革委立项建设大方火电厂，协调水利部立项建设大方岔河水库，协调国铁集团推动成贵快铁大方高铁站落地，为大方县打赢脱贫攻坚战付出了才智和汗水。

成绩的取得来之不易。以 2018 年为例，全年超额完成定点扶贫责任书各项目标任务。全年中央及各级地方组织有 76 批次、776 人次赴大方县开展考察调研和帮扶活动；投入帮扶资金目标任务为 1 000 万元，实际完成 1 547 万元，超额 54.7%；引进帮扶资金目标任务为 1 232 万元，实际完成 1 595 万元，超额 29%；培训基层干部目标任务为 300 名，实际完成 501 名，超额 67%；培训专业技术人才目标任务为 998 名，实际完成 1 567 名，超额 57%；购买和帮助销售贫困地区农产品目标任务为 20 万元，实际完成 254 万元，超额 11.7 倍。

## 善思有出路　创新有发展

农工党中央拓宽思路，创新理念，为做好帮扶工作筹措谋划。

一是将助推脱贫攻坚与乡村振兴战略研究相结合。提早谋划脱贫攻坚与乡村振兴两项工作的接续实施，制定印发《关于助力贵州省毕节市大方县打赢脱贫攻坚战建设贯彻新发展理念示范区工作的指导意见》，为下一步大方县实施乡村振兴战略探索有益经验。

二是将开展健康扶贫与充分发挥国家政策作用相结合。聚集党内优质医疗资源，重点开展智力帮扶大方县恒大医院工作，将同心助医工程、同心全科医生特岗人才计划与医务人员晋升职称须有基层工作经历的政策相衔接，助力提升县乡村医疗队伍水平，尽早达到 95% 患者大病不出县的目标。

三是将加强智力扶贫与加大内生动力培育力度相结合。发挥农工党智力密集优势，以博爱家园文化广场、农村讲习所为培训场所，加大对贫困人口的就业技能培训力度，提升群众内生动力，从“要我脱贫”转化为“我要脱贫”。

四是将拓展产业扶贫领域与推动产品市场化相结合。积极搭建沟通平台，协调党员企业家支持，为大方县引进资金、项目牵线搭桥，带动当地经济发展和群众脱贫致富，增强“造血”功能。扶持发展特色农副产业，培育特色农产品。协调引进电商平台，探索“互联网 + 精准扶贫”模式，推动市场化销售大方县农副产品。

五是将加大公益扶贫与新发展理念相结合。深化推进同心医博爱家园精准扶贫项目，充分发挥项目生产金和公益扶贫基金导向作用，向绿色发展生态环保项目倾斜，使大方县的绿水青山留得住人心、留得住乡愁。

六是将扶贫与强化督促指导相结合。在帮扶中查找问题，寓监督于帮扶之中，督促大方县委县政府履行脱贫攻坚主体责任。坚持深入基层、深入农户，切实摸透实情找准问题，及时向大方县委县政府及有关部门反馈，共同研讨解决问题方案。

## 实践出真知　行动出成效

农工党中央深入调查研究，积极探索，为做好帮扶工作倾情尽力。

一是大兴调查研究之风，做好顶层设计。农工党中央把定点扶贫工作纳入全党工作大局中思考、谋划和推进，做到领导负责、组织落实、责任明确、制度健全。大兴调查研究之风，主要领导亲自调研，深入学校、社区、医院、企业和田间地头，了解大方县

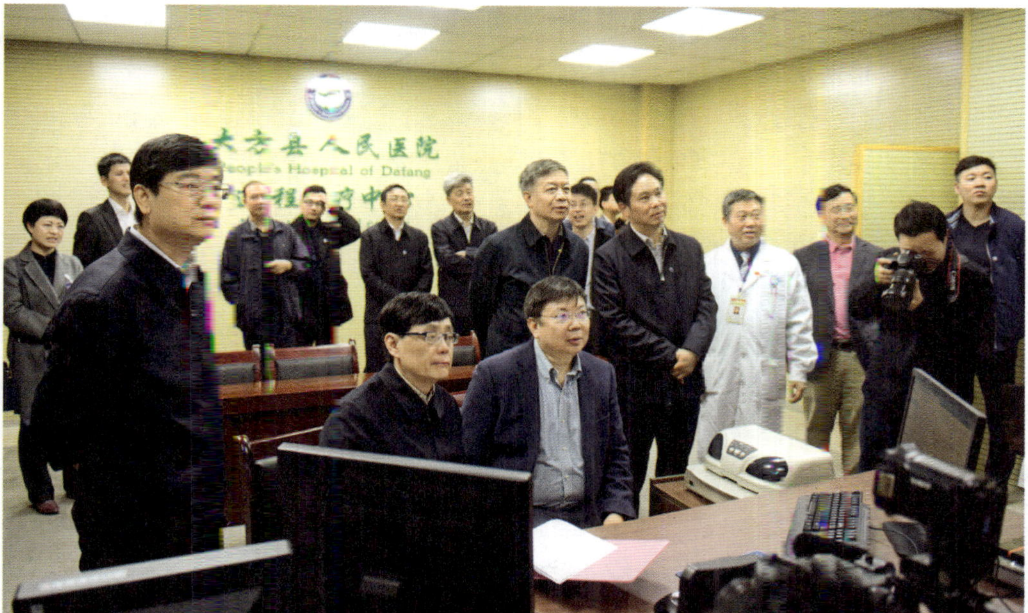


/ 农工党中央工作人员在大方县人民医院调研

/ 农工党中央工作人员调研乌蒙山泉小龙虾养殖产业扶贫项目

/ 农工党中央工作人员在大方县华麟猕猴桃基地调研

经济社会发展情况，为助力大方县打赢脱贫攻坚战以及接续推进建设贯彻新发展理念的示范区，提出有针对性和可操作性的意见建议。2018 年以来，农工党中央领导班子成员 15 次赴大方县调研考察、督促指导定点扶贫工作。《中央单位定点扶贫责任书》签署后，全党迅即行动，先后召开农工党东部 10 省（市）组织定点帮扶大方县工作研讨会、全国省级组织助推毕节试验区大方县贯彻新发展理念座谈会、中央专委会定点扶贫大方县工作座谈会、农工党中央精准帮扶大方县座谈会暨全国 15 个副省级城市组织助力大方县脱贫攻坚工作会议、农工党中央定点帮扶大方县脱贫攻坚座谈会等，明确工作任务，压实工作责任，集全党之力共同助力大方县实现脱贫目标。

二是全党广泛动员，构建合力攻坚格局。以 23 个省级组织、15 个副省级城市组织和 12 个中央专委会为主要力量的 57 家定点帮扶单位，与大方县 28 个乡镇（街道）“一对一”全覆盖结对。各帮扶单位既按照农工党中央的要求和部署完成了帮扶工作，又结合自身特点与优势，主动作为，在健康扶贫、产业扶贫、公益扶贫、智力扶贫等方面开展了许多方法创新、效果显著的帮扶活动。

三是以监督促帮扶，双轮驱动提成效。全面加强对大方县脱贫攻坚的督促检查工作，努力实现以定点扶贫助脱贫和以督促检查促脱贫的工作协同。据不完全统计，2018 年共计组织督促检查 45 次，累计深入 50 个村 475 户，发现各类问题 124 个，提出意见建议 142 条，提交大方县督促检查报告 15 份。提出的主要建议包括：对贫困户查缺补漏，精准施策，既不降低标准也不超出标准，实现贫困户达标脱贫；抓紧完善贫困村基础设施，提升公共服务能力；持续加大内生动力，实现稳定脱贫；延伸产业发展链条，推动全县传统产业转型升级。

四是多管齐下，织密帮扶网络。第一，健康扶贫有新举措。把大方县恒大医院作为农工党爱心示范医院，聚集党内优质医疗资源，帮助制定发展规划、引进学术人才、建设重点学科，该院首任院长为农工党党员。开展贫困人口精准医疗爱心行动，持续助力缓解因病致贫、因病返贫情况。深入实施同心全科医生特岗人才计划，探索“县管乡用、收入激励、培养倾斜”的全科医生培养模式，并以小试点促进国家政策出台。第二，公益扶贫有新成效。陈竺主席亲自谋划并带头捐资实施的同心圆博爱家园精准扶贫项目，由党员捐款与中国红十字会筹款共计 1 800 万元，对大方县 45 个深度贫困村实现全覆盖，每村平均投入资金 40 万元。以项目生计金培养带动贫困群众自主创造美好生活的精气神和自我发展能力，以实现扶贫与扶志、扶智相结合。截至 2019 年 6 月，已发放生计金 923.78 万元，受益贫困群众 991 户 3 000 余人。该项目的运作模式不仅成为我国扶贫的有效途径，而且被“一带一路”沿线国家所学习复制，为国际减贫提供了借鉴。第三，产业扶贫有新进展。扶持培育特色产业从无到有、从小到大。持续支持帮助猕猴桃种植企业发展，2018 年，1 000 余亩高标准种植示范园全面丰收，带动理化乡建立 9 个猕猴桃产业基地，覆盖贫困户 600 多户。第四，智力扶贫有新提升。把提升技能作为帮扶的重要内容，以基层干部、致富带头人、基层卫生人才、职业技术人才、教师为重点开展分类培训，宣传中共中央关于脱贫攻坚的政策与措施，传授脱贫致富的技能与知识。第五，消费扶贫有新方式。据不完全统计，通过购买扶贫产品方式，全党 17 万余名党员中近一半人参与其中：一是为让建档立卡贫困户直接受益，深入农

/ 农工党中央工作人员在大方县开展精准扶贫行动

/ 农工党南京市委“重塑笑颜”公益金救助的第一批大方县患儿抵达南京市人民医院

户、村合作社现金收购农副产品；二是农工党中央支持党员企业建立“帮扶大方县农特产品指定扶贫商城”电商平台，这不仅是产业扶贫的有益实践，也为广大党员参与扶贫开拓了新渠道；三是依托党员企业在贵阳市旅游点设立“黔之货”线下平台，通过实体店展示推动黔货出山，辐射带动更多的贫困户增收，助力精准脱贫。

（照片提供：农工党中央社会服务部综合处）

**中共中央组织部干部一局调配处（援派干部工作处）** 创新方式，强力推进定点扶贫挂职干部工作，实现所有320家中央单位选派干部、592个国家扶贫开发工作重点县有中央单位扶贫挂职干部的“两个全覆盖”。创新载体，整合西部地区、老工业基地和革命老区挂职扶贫力量，选派新一批中央单位干部到“西老边”挂职，实现13个省（区、市）107个市（地、州、盟）都有挂职干部的“全覆盖”。创新机制，加强东西部扶贫协作挂职干部选派管理，派出挂职干部1 000余名，实现每个受帮扶省（区、市）或市（地、州、盟）有1名局级干部担任帮扶工作队领队，每个受帮扶县（市、区、旗）有1名处级干部挂任党政领导班子成员。

# 使命引领行动　担当扛起责任

近年来，中共中央组织部干部一局调配处（援派干部工作处）坚持以习近平新时代中国特色社会主义思想为指引，深入贯彻习近平总书记关于扶贫工作的重要论述，按照组织部部务会要求，紧紧围绕党和国家中心工作，把服务脱贫攻坚作为一项重要的政治任务，注重政策创新和制度创新，充分发挥“调兵遣将”的职能作用，着力选优配强扶贫挂职干部，为打赢脱贫攻坚战提供有力的干部人才支撑。

## 创新方式，强力推进定点扶贫挂职干部工作

2016年以来，着力提高政治站位，主动担当作为，积极会同国务院扶贫办有关部门共同研究，创新工作方式，加大推进力度，确保中央单位定点扶贫挂职干部全部选派到位，以实际行动支持脱贫攻坚。

一是主动对接摸清底数。加强与国务院扶贫办相关部门联系沟通，专门抽派熟悉工作的同志，对前期定点扶贫挂职干部选派情况进行系统梳理，摸清情况底数，有针对性地提出具体措施。经逐一统计，截至2016年7月底，中央单位中尚有部分单位未选派；与中央单位结成定点扶贫关系的国家扶贫开发工作重点县中，仍有部分贫困县没有中央单位选派的挂职干部；已选派的挂职干部中没有实质性分工的高达30%。

二是精心部署强力推进。为全力推进定点扶贫挂职工作，会同国务院扶贫办相关部门进行再动员、再部署、再推动。2016年9月上旬，组织召开工作推进会，就深化思

/ 调配处同志在江西省赣州市于都县盘古山镇调研

想认识、抓好任务落实、完善工作机制，特别是对选派条件和完成时限予以重点强调，明确提出要实现扶贫开发工作重点县中央单位定点扶贫挂职干部“全覆盖”的目标。同时，专门研究下发关于进一步加强选派干部到定点扶贫县挂职工作的通知，组织150多家选派不到位的中央单位与有定点扶贫县的22个省（区、市）党委组织部有关负责同志进行沟通对接，落实选派任务。

三是加强督促确保到位。紧盯任务落实，安排专人负责跟踪挂职干部选派情况，逐一与选派单位联系沟通。同时，耐心解答选派工作政策，对确有选派困难的积极帮助协调解决。经过不懈努力，最终实现了所有320家中央单位选派600余名挂职干部、592个国家扶贫开发工作重点县有中央单位扶贫挂职干部的“两个全覆盖”，有力地推动了中央单位定点扶贫挂职工作的深入开展。

## 创新载体，整合“西老革”挂职扶贫力量

为充分发挥中央单位挂职干部在服务脱贫攻坚中的骨干作用，在深入调研基础上，拓宽工作思路，主动提出对策建议。依托选派干部到西部地区、老工业基地和革命老区挂职锻炼工作机会，在选派要求和工作模式上不断创新，推动“西老革”挂职工作进一步聚焦脱贫攻坚。

一是强化统筹协调形成工作合力。长期以来，中央单位定点扶贫挂职干部工作力量相对分散，缺少整体上的统筹和管理。为了把扶贫力量整合凝聚起来，首次采取根据中央单位定点扶贫结对关系统筹安排“西老革”挂职干部去向，并一般安排到本单位定点扶贫县或国家扶贫开发工作重点县所在市（地、州、盟）挂职，形成市一级有“西老革”挂职干部、贫困县有中央单位定点扶贫挂职干部、部分贫困村有中央单位驻村第一书记的工作格局。同时，明确要求挂职干部分管或协管脱贫攻坚，负责当地中央单位定

点扶贫工作，牵头联系当地中央单位定点扶贫挂职干部和驻村第一书记。

二是扩大选派挂职干部范围和规模。较大幅度增加中央单位选派挂职干部数量，重点选派干部到贫困地区特别是深度贫困地区，实现“西老革”挂职地国家扶贫开发工作重点县所在市（地、州、盟）全覆盖。其中，选派到四川阿坝、甘孜、凉山，云南迪庆、怒江，甘肃甘南、临夏等深度贫困地区的挂职干部数量增加了两倍。

三是坚持科学精准提高选派质量。充分发挥组织部门优势，紧紧围绕脱贫攻坚工作需要，坚持事业为上、人事相宜，以能否承担脱贫攻坚任务作为选派干部的重要标准，“硬”选人、选“硬”人，大力选派一批综合素质好、工作能力强、具有解决复杂问题能力的干部，配强配优扶贫工作队伍。在选派工作中，始终坚持原则，对部分任职经历相对单一、管理经验不够丰富、能力素质与挂职要求不符的选派人选，协调派出单位及时进行更换；为便于更好统筹资源助力脱贫攻坚，积极协调中央和国家机关、中管企业从机关和总部选派得力干部到贫困地区挂职，此类选派干部占比较上批次增加近 20 个百分点。

四是政策创新体现关心关爱。立足职能，积极建言，协调推动一系列关心关爱扶贫挂职干部的政策落地。比如，进一步提高扶贫挂职干部生活补贴标准，落实挂职干部工作所需差旅费，为扶贫挂职干部购买人身意外伤害保险；派往艰苦地区的，要求挂职地参照当地同类同级人员标准发放艰苦边远地区津贴。又如，把贫困地区作为培养锻炼干

/ 调配处同志在办公室集体研究选派扶贫挂职干部工作

部的重要基地，对在脱贫攻坚中胜利完成任务、各方面表现优秀的干部，接收省（区、市）党委组织部可适时提出使用建议，派出单位统筹考虑，在挂职期间或期满返回时予以提拔或重用。进一步将党中央对扶贫挂职干部的关心关爱落到实处，暖人心、催人进，为进一步激励干部干事创业营造良好氛围。

## 创新机制，加强东西部扶贫协作挂职干部选派管理

为研究完善东西部扶贫协作和对口支援干部人才选派政策，深入开展调研，不断创新机制，推进东西部扶贫协作干部挂职工作。

一是加强选派力量。2017 年以来，连续印发《关于进一步加强和完善东西部扶贫协作干部人才选派管理工作的通知》和《关于聚焦深度贫困地区打好精准脱贫攻坚战加强东西部扶贫协作挂职干部人才选派管理工作的通知》，加大东部省市向西部选派挂职干部力度，要求帮扶地加大对受帮扶地特别是“三区三州”等深度贫困地区的干部人才选派力度，确保每个受帮扶省（区、市）或市（地、州、盟）有 1 名局级干部担任帮扶工作队领队，确保每个受帮扶的携手奔小康县（市、区、旗）有 1 名处级干部挂任党政领导班子成员，取得明显成效。2018 年，协调东部省市按照扶贫协作关系向西部选派挂职干部 1 000 余名，较文件印发前增长 6 倍以上。

二是提高帮扶实效。针对部分省（市）在帮扶中聚焦脱贫攻坚不够等情况，出台文件，明确挂职干部主要精力用于脱贫攻坚，分管或协管与脱贫攻坚相关的工作；帮扶地要按照党中央要求，定期研究受帮扶地脱贫攻坚工作，围绕减少贫困人口、实现“两不愁三保障”目标，拿出具体帮扶措施，发动帮扶地党政机关、企事业单位、社会团体等开展社会扶贫，发挥好大后方作用，避免挂职干部在前方“单打独斗”，确保帮扶工作取得实效。

三是完善工作机制。指导帮扶双方建立联席会议制度，就挂职干部选派工作定期进行研究，拟订需求计划，形成互访机制，为推动东西部扶贫协作各项任务落实奠定了坚实基础。有的东部省（市）帮扶层级不仅局限于携手奔小康结对关系县之间的帮扶，还延伸到部门结对、镇村结对；帮扶主体不局限于政府部门，还拓展到企事业单位、社会团体，形成全社会共同参与帮扶的工作格局。注重前后方统筹，着力整体推进双方扶贫协作。受帮扶地普遍成立了以党政主要领导任组长的东西部协作领导小组，纳入党委政府重点工作统筹推进，定期与东部省（市）进行对接落实，为推动任务落实提供了坚强的组织保障。

［照片提供：中共中央组织部干部一局调配处（援派干部工作处）］

**国家卫生健康委扶贫开发与对口支援工作领导小组办公室** 牵头深入实施健康扶贫工程、开展定点扶贫和吕梁山片区扶贫等工作。落实精准扶贫、精准脱贫基本方略，遵循卫生健康工作规律，精准施策、统筹推进。经过努力，农村贫困人口医疗费用个人平均自付比例下降到10%左右。累计1 300多万名患者得到分类救治，覆盖98.7%的大病和慢性病患者。963家三级医院与所有贫困县832家县级医院建立了对口帮扶关系。以县医院能力建设、"县乡一体、乡村一体"机制建设、乡村医疗卫生机构标准化建设为三个主攻方向，全面解决好基本医疗有保障存在的突出问题，贫困地区医疗卫生机构服务条件明显改善，服务能力显著提升。包虫病、艾滋病等重大地方病、传染病得到有效遏制。因病致贫返贫逐步得到有效解决，为脱贫攻坚做出重要贡献。

# 锐意创新　攻坚克难
# 努力做好贫困群众健康守门人

健康扶贫是脱贫攻坚的重要内容。习近平总书记多次强调，要深入实施健康扶贫工程，做到精确到户、精准到人、精准到病，采取"靶向治疗"措施，解决因病致贫返贫问题。国家卫生健康委扶贫开发与对口支援工作领导小组办公室（简称国家卫生健康委扶贫办）牵头实施全国健康扶贫工程，按照中央脱贫攻坚的总体部署，以咬定目标不放松的定力、不破楼兰终不回的韧劲，统筹协调，创新机制，努力工作，攻坚克难，推动健康扶贫工作取得突破性进展。国务院扶贫开发领导小组评价指出，"解决因病致贫返贫难度很大，但成效明显，健康扶贫在行业扶贫行动中走在前列，对脱贫攻坚取得决定性进展发挥了重要作用"。2014年10月，被国务院扶贫开发领导小组授予中央国家机关等单位定点扶贫先进集体；2018年10月，被中央和国家机关工委评为中央和国家机关脱贫攻坚先进集体。承担的定点扶贫工作，在国务院扶贫开发领导小组组织的2018年度中央单位定点扶贫工作考核中获得"好"等次。

## 强化政策顶层设计，健全工作机制，动员全委全系统合力攻坚

从调查研究入手，深入了解农村因病致贫、因病返贫现状，发现存在的主要问题，深刻分析问题成因，提出健康扶贫政策思路和建议。

一是制定政策，出台措施。印发了《关于实施健康扶贫工程的指导意见》《健康扶

/ 2019年7月，国家卫生健康委会同国家医保局、国务院扶贫办组织召开2019年全国健康扶贫工作电视电话会议

贫工程“三个一批”行动计划》《健康扶贫三年攻坚行动实施方案》等一系列政策文件，在提高贫困人口医疗保障水平，开展大病和慢性病分类救治，提高贫困地区医疗卫生服务能力，加强公共卫生、疾病防控和健康促进等方面出台了一系列超常规措施，搭建了健康扶贫的政策框架，明确了健康扶贫的实施路径。

二是加强部署推进。每年召开多次委党组会议和委扶贫工作领导小组会议进行专题研究，明确重点任务。每年会同国务院扶贫办召开全国健康扶贫工作会议，推进工作部署，明确工作要求。每年组织对中西部22个省（区、市）健康扶贫工作情况进行考核或调查评估，推动各地工作均衡开展。将委机关所有司局和相关直属单位纳入扶贫成员单位，制定委扶贫办运行制度，建立了委扶贫工作统筹、协调、调度、考核等工作机制，明确了各部门职责和要求，分解了工作任务，确保责任到岗、到人、到具体的时间节点。建立了扶贫工作月报告、季督促、半年小结、年总结制度，对巡视整改和扶贫重点工作，每月向委党组汇报，每季度召开委扶贫办成员会议进行调度。建立委领导分区包片推进健康扶贫工作机制，每位委领导负责3～4个省（区、市），通过调研指导、专题会议研究等形式，督促推进包片省（区、市）的健康扶贫工作。一系列扎实有效的措施增强了全委全系统脱贫攻坚政治责任感、历史使命感和工作紧迫感，切实提高了工作效能，确保各项工作规范化、制度化，在全委形成了统筹推进、合力攻坚的氛围和局面。

三是充分发挥健康扶贫牵头部门统筹协调作用，切实加强与主要参与部门的沟通联系，协同解决重点难点问题。积极与国家发展改革委、国家医保局、国务院扶贫办等部门对接工作，争取支持。国家卫生健康委扶贫办协同成员单位与各有关部门在工作层面定期沟通联系，共同研究制定推进工作的标准、方案、措施，共同研究支持贫困地区健康扶贫的政策、资金、项目，共同组织开展基本医疗有保障突出问题排查。协调倾斜安排卫生健康领域资金、项目，精准实施一批贫困地区基层医疗卫生服务能力提升项目。部门间协调配合、合力攻坚的机制不断完善，为推动全国健康扶贫发挥积极作用。

## 实施“三个一批”计划，实行分类救治，精确到户、到人、到病

依据发病率高、致死率高、致残率高、疾病负担重及基层医务人员易辨的疾病筛查原则，从 30 多万种疾病中确定了 45 种重点病种和 48 种次重点病种，制定调查方案，组织动员全国 80 多万名基层卫生计生工作人员，逐户、逐人、逐病核实，全面摸清农村贫困人口患病情况。通过调查核实，准确掌握了病人家庭、病人、罹患病种以及就诊机构、诊疗费用和报销等信息，建成了健康扶贫工作数据库，开发了健康扶贫动态监测信息系统，为每一位贫困患者建立了工作台账。在此基础上，研究确定了“大病集中救治一批、慢病签约服务管理一批、重病兜底保障一批”的分类救治策略。针对大病患者，开展大病专项救治工作。组织专家进行充分论证，按照群众反映集中、费用负担重、诊疗路径清晰、诊疗效果明确的原则，优先遴选儿童先天性心脏病、儿童白血病、

/ 国家卫生健康委扶贫办每年组织全国健康扶贫相关专题培训班，2019 年全国解决基本医疗有保障突出问题专题培训班为其中之一

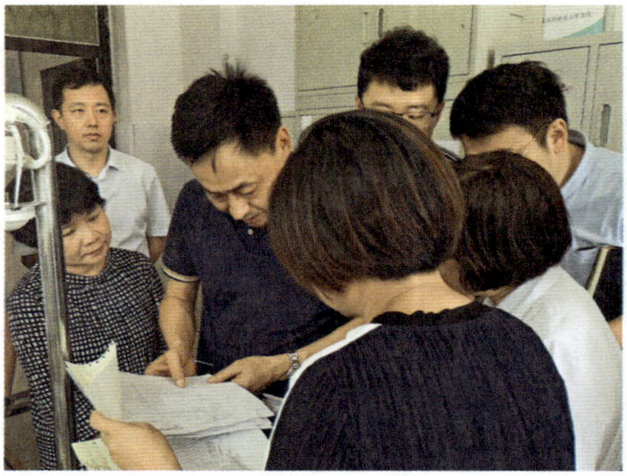

/ 国家卫生健康委扶贫办领导在新疆维吾尔自治区调研疏附县人民医院健康扶贫工作落实情况

/ 国家卫生健康委扶贫办领导在安徽省岳西县调研

食管癌、胃癌、结肠癌、直肠癌、终末期肾病等大病作为全国首批大病专项救治病种，采取“定临床路径、定定点医院、定单病种费用、定报销比例，加强责任落实、加强质量管理”的“四定两加强”措施，对患者进行集中救治，救治病种范围已经扩大到25种大病。针对慢性病患者，开展家庭医生签约服务，重点加强对高血压、糖尿病、结核病、严重精神障碍等慢性病患者的规范管理。截至2019年3月底，已有1 317万人得到基本救治和管理服务，覆盖98.7%的贫困患者。同时，推动建立建档立卡贫困人口基本医保、大病保险、医疗救助、政府兜底“四重保障”机制，实行县域内住院“先诊疗、后付费”和“一站式”即时结算等便捷举措。2018年，贫困患者医疗费用个人平均自付比例下降到10%左右。

## 明确三个主攻方向，解决突出问题，全面实现基本医疗有保障

一是实施县医院能力建设。将符合条件的贫困县县医院纳入全民健康保障工程支持范围，强化对口帮扶，采取“组团式”支援方式，选派优秀管理人员和技术人员担任受援医院院长或副院长、护理部主任及学科带头人。目前，已形成963家三级医院对口帮扶832个贫困县的所有县级医院的格局。帮助贫困县县医院加强针对当地疾病谱的临床专科建设，推进远程医疗，拓展服务内涵，丰富服务内容，并向乡镇卫生院延伸。

二是实施“县乡一体、乡村一体”机制建设。加大农村订单定向免费医学生培养力度，继续为贫困地区乡镇卫生院招聘特岗全科医生。鼓励实行“县聘县管乡用”、“乡聘村用”以及从卫生院选派医生开展巡诊或派驻等方式，解决乡村两级机构缺乏合格医务人员的问题。推进开展紧密型县域医共体建设，强化县级医院对乡镇卫生院的技术辐射、医疗质量安全和管理水平的带动作用，落实乡镇卫生院对村卫生室的业务管理和指导责任，提高县域医疗卫生服务整体绩效。

三是实施乡村医疗卫生机构标准化建设。推动地方按照填平补齐的原则，在脱贫攻坚期内，全面完成乡镇卫生院和村卫生室基础设施建设，根据业务需要合理配置医疗设备。在脱贫攻坚期内，消除乡村两级医疗卫生机构和人员“空白点”。2015 年以来，中央累计支持了贫困地区 3 438 个乡镇卫生院标准化建设，累计为贫困地区乡镇卫生院补充全科医生 1.4 万名，支持了贫困地区 1.4 万个村卫生室建设，为贫困地区培训了 6 万名村医，培养了 3 万名乡村全科执业助理医师。截至 2019 年 6 月，已有 773 个国家级贫困县实现至少有 1 家县级医院达到二级医院服务能力；11 358 个乡镇的卫生院基础设施建设达标，12 187 个乡镇的卫生院至少拥有 1 名全科医生或执业（助理）医师；13.8 万个行政村的卫生室基础设施建设达标，15.8 万个行政村的卫生室至少拥有 1 名合格乡村医生。

## 用心用情用力，做深做实工作，在一线决战决胜脱贫攻坚

在做好全国健康扶贫工作的同时，积极开展定点扶贫和吕梁山片区扶贫工作。

一是大力开展产业扶贫。委托中国人口福利基金会设立健康暖心专项扶贫基金，累计筹集社会资金 3.8 亿元支持定点扶贫县脱贫攻坚。按照“一县一产业”思路，指导 4 县发展扶贫主导产业。支持 4 个定点扶贫县围绕解决产业发展和“两不愁三保障”存在的问题建立项目库。

二是大力开展消费扶贫。打造“吕梁山货”区域公共品牌，联合山西、陕西两省 20 个片区内的 48 个贫困县、139 家企业，汇集了 200 余种特色产品，累计带动农产品销售 2.5 亿元。

三是支持吕梁山片区开展“吕梁山护工”项目。累计培训包括定点扶贫县在内的贫困人口 18 312 人，分批次安排护工到协和等 14 家三甲医院工作，实现就业 8 142 人。

四是创新开展党建扶贫。委机关司局和直属联系单位党组织联合组成 23 个党建帮扶团队，一对一结对帮扶定点扶贫县 23 个深度贫困村，以党建促扶贫，帮助解决脱贫攻坚难题。将定点县作为健康扶贫

国家卫生健康委扶贫办领导调研指导陕西省清涧县人民医院健康扶贫与城市三级医院对口帮扶工作

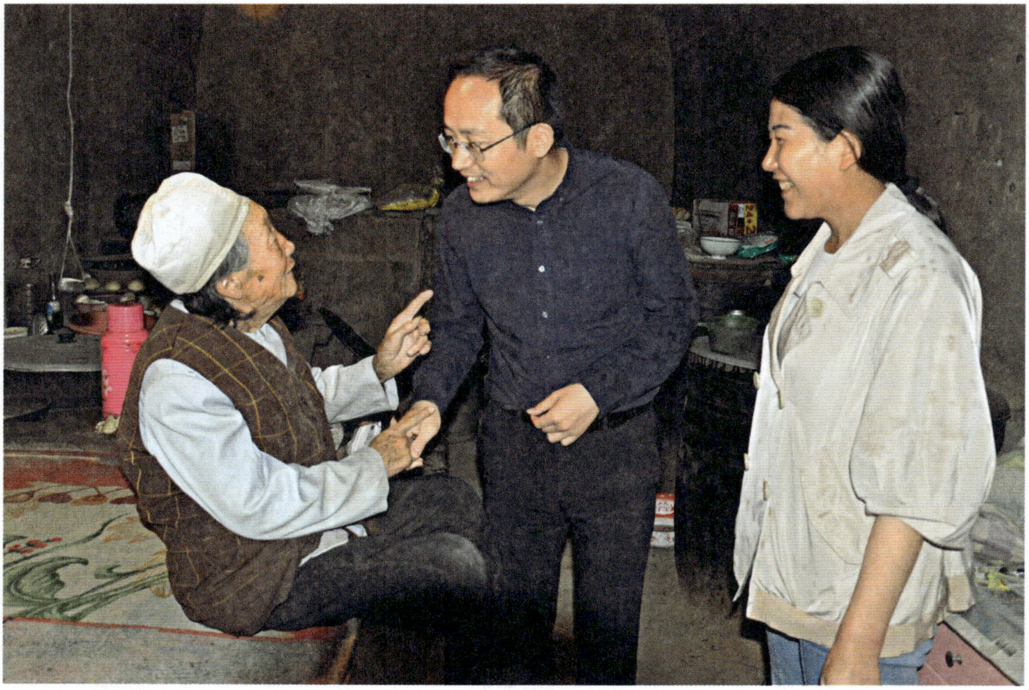

/ 国家卫生健康委扶贫办领导到陕西省清涧县贫困户家中看望

“试验田”，会同山西、陕西两省加大指导支持力度，推动全面解决基本医疗有保障突出问题。

五是精准对接社会资源和健康扶贫需求。推出光明扶贫工程、健康快车等一系列公益品牌项目。建立中国大病社会救助平台，动员腾讯基金会等社会组织和爱心人士援助建档立卡贫困大病患者。

（照片提供：国家卫生健康委扶贫开发与对口支援工作领导小组办公室）

**中国农业大学农学院** 创新“三带三合”模式，培养“一懂两爱三有”人才，倾心助力脱贫攻坚。倡导成立全国农学院协同发展联盟，牵头组织全国农科学子联合实践，师生深入扶贫一线与村民同吃同住同劳动，调研形成专著并引领推广扶贫实践经验；发挥学科专业优势，扎根乡土乡村，在国家级贫困县山西省灵丘县开创有机旱作助力脱贫模式，打造“车河有机农业国际论坛”品牌，助力灵丘实现脱贫摘帽；深化教育教学改革，探索新农人培养机制，设立精准扶贫研究生专项，开办乡村振兴青年农场主菁英班和种业菁英班，打造“三全育人”模式，为脱贫攻坚与乡村振兴持续提供资源和动力，形成了助力脱贫攻坚与乡村振兴的高校“范式”。

# 创新“三带三合”模式　培养“一懂两爱三有”人才 倾心助力脱贫攻坚

在习近平新时代中国特色社会主义思想指导下，中国农业大学农学院积极聚焦脱贫攻坚伟大事业，创新“三带三合”模式，即“党建带团建、党支部带团支部、党员带团员，理论与实践结合、老师与学生携合、学校与地方联合”，坚持理论育人与实践育人同向、人才培养与服务社会同步、学科专业与脱贫事业同道，建立以社会服务为导向的考核评价机制，引导和激励学院教师积极参与扶贫人才培养、扎根一线主动助力脱贫攻坚。打造了一支“有理想信念、有道德情操、有扎实知识、有仁爱之心”的好教师队伍；培养了大批“懂农业、爱农村、爱农民”“有理想、有本领、有担当”的优秀青年人才队伍，开创了高校助力脱贫攻坚的“根据地”，形成了持续助力乡村振兴战略实施的“范式”。

## 组织全国院校力量，协同助力脱贫攻坚

中国农业大学农学院高度重视发挥全国引领作用。2015 年倡导成立全国农学院协同发展联盟，自 2016 年起牵头组织全国 50 所高校涉农学院连续三年开展以“走进乡土乡村，助力精准扶贫”为主题的全国农科学子联合实践行动。行动立足服务国家重大发展战略，结合农学类学生专业优势，围绕“三农”发展需求开展技术指导、科普宣讲、志愿服务等实践活动，以实际行动助力脱贫攻坚。该行动在中宣部、中央文明办、

/ 2016 年全国农科学子联合实践行动启动仪式

教育部、团中央等部委联合下发的全国大学生三下乡文件中，被列为各专项行动之首。

一是师生全员深入扶贫一线。三年来，全国农科院校累计有近 1 000 支小队 10 000 余名农科学子，奔赴近 30 个省（区、市）超过 800 个贫困村参加实践。其中，中国农业大学农学院共派出 60 余支社会服务行动队，共计 700 余名队员参与实践行动，其中，本科生 510 余名、硕博研究生 190 余名。实践地覆盖了全国 7 个省（区、市）9 个国家级贫困县 20 余个贫困村。近三年参与精准扶贫的专业教师人数逐年上升，直接参与精准扶贫工作的教师占全院教师的 50% 以上，其中以精准扶贫为主要业务的教工达 12 人。

二是潜心调研形成扶贫专著。农学院教师连续三年主编出版全国农科学子联合实践行动纪实录系列丛书，记录了全国农科学子联合实践行动，彰显新时代农科学子的理想信念与责任担当。亲自带队进村的教师还注重对实践经验的总结与提炼。例如，农学院陈源泉教授连续两年利用暑假深入山西省灵丘县上关村，带领学生与村民同吃同住同劳动，驻村期间创作了《大学生社会实践手册——走进乡土乡村 50 问》《“穿越 2050”的乡村振兴愿景》等专著，为后续更好开展实践、助力精准扶贫提供指导。

三是引领推广扶贫实践经验。为巩固发展联合实践成果，进一步发挥全国农学院协同作用，凝聚农科类院校优势，为精准扶贫和乡村振兴战略提供更多动力，2017 年

全国农科学子联合实践行动纪实录系列丛书

农学院作为理事长和秘书长单位，牵头发起成立了作物学人才培养与教育专业委员会，旨在将精准扶贫人才教育教学经验和成果推广辐射到全国农业高校。同时，还通过全国农学院协同发展联盟、作物学人才培养与教育专业委员会启动了全国农科学子创新创业大赛、大学生农业微课程大赛等项目。

## 汇聚学科优势资源，开创特色助贫样板

2017 年，习近平总书记在考察燕山和太行山深度贫困地区时提出加快有机旱作农业发展，挖掘区域特色资源实现脱贫摘帽。农学院积极贯彻习近平总书记的讲话精神，充分发挥党支部战斗堡垒作用和党员先锋模范作用，改进考评机制，强化人才培养和社会服务功能。在多年校地合作的基础上，以国家级贫困县山西省灵丘县为根据地，建立了院地全面战略合作伙伴关系，积极探索山西灵丘全域有机农业精准扶贫道路。

农学院师生与灵丘县农民共庆中国农民丰收节

/ 专家教授指导当地试验田工作人员

一是汇聚学科资源，强化科技支撑。农学院数十名专家带领学生先后长期驻扎灵丘县，建立教授工作站，开展科学研究、人才培养，助力扶贫。为突破世界有机农业瓶颈性痼疾“有机孤岛现象”，胡跃高教授等师生基于实践提出了农业生产系统、乡村社会系统和乡村地理系统整体有机化的全域有机农业理论，助力打造了车河有机农业社区。2018年，农学院专家队伍助力灵丘县完成了《山西省灵丘县乡村振兴总体规划（2018—2022年）》。2019年，在学校与大同市政府的支持下成立了有机旱作农业产业研究院，农学院组建了以党员骨干教师、支部书记、杰出青年等为主体的10余名一线教授研究队伍，深入灵丘县建设有机旱作农业研究示范基地，依靠科技和人才力量，支撑大同市发展壮大有机旱作农业产业。

二是扎根乡土乡村，打造灵丘样板。多年来，农学院师生围绕灵丘的贫困实际问题与需求，在助力精准脱贫上下足功夫。近三年，师生实践团队围绕旅游扶贫，基于当地自然风光与人文景观调研，创建当地百度词条并在多个网络平台发布游记以提升影响力；围绕区域特色产业扶贫，深入开展产业调研，协助制定营销策略并完成产品设计，孵化了国家级创业实践项目“火山牌番茄”“植爱心田”；围绕科技扶贫，以作物学科科普为基础，开展乡村夏令营和学业帮扶，累计辅导时长3 000余小时。2017年招收的15名精准扶贫专项研究生驻扎灵丘县，在县政府涉农部门实习，挂职12名乡镇长助理驻扎乡村，参与了入户调查、脱贫档案整理、干部培训以及贫困退出评估巡查巡检等大量工作；参与编纂了《北泉村史》等系列贫困村村史文献；组织留守妇女成立了灵丘县黍稷工艺品专业合作社，探索了依托乡土文化产业实现脱贫的可行途径。

三是注重示范推广，传播灵丘故事。在中国农业大学及农学院与灵丘县多年的共同努力下，灵丘县通过发展有机旱作农业示范区，带领贫困户脱贫致富。全域有机农业已在全国10个省（区、市）约40个村庄中推广。由农学院师生主要协调组织的“车河有机农业国际论坛”已在灵丘县连续举办五届，来自美国、荷兰、法国等20多个国家和地区及多个国际组织的代表出席论坛，成为世界有机农业领域的一个重要品牌，《人民日报》《光明日报》等权威媒体多次进行专题报道。2016年，山西省转型综改经验交流现场会在灵丘县车河村召开。2017年，灵丘县红石塄乡被评为“中国有机农业发展示范乡”。2018 年，灵丘县入选“全国农村创业创新典型县”、山西省“有机旱作农业示范县”，车河村及有机农业扶贫模式作为全国三个典型案例之一，登上 2018 中国扶贫国际论坛，入选中外减贫案例库及在线分享平台；2018 年春节，中央电视台《东西南北贺新春》栏目组在车河村录制专场节目。2019 年 5 月，灵丘县正式脱贫摘帽，退出贫困县序列。

## 深化教育教学改革，精心锤炼“三农”人才

坚持以立德树人为根本任务，聚焦精准扶贫与乡村振兴战略，锚定中国特色和农业特色，统筹协调课堂教学和思政教育工作，顶层设计加强第一课堂和第二课堂的共融、共通、共建，创新新农人的“三全育人”培养机制，着眼于培养卓越的农业产业及相关领域的拔尖创新人才和领军人才，为脱贫攻坚与乡村振兴持续提供资源和动力。

一是打造以社会服务为核心的“三全育人”模式。作为被教育部认定的首批全国“三全育人”试点学院，本学院围绕国家农业农村现代化发展的重大需求，实施本科生、研究生“全员、全过程、全覆盖”的新农人农业创新能力提升计划，整合“学校、学院、校友、社会组织、企业”资源，搭建了“五位一体”的大学生创新孵化、创业扶持平台，设置了“种业人才培养基金”“乡村振兴人才培养基金”“宗司昕学生社会实践基金”“大丰收创新创业基金”，以及“社会服务模式创新”“‘双一流’建设专项”等多类型人才教育基金和培养模式，为广大有志于农业科技创新、农村扶贫创业的同学提供全力支持。三年来共筹集各类社会捐赠资金 1 159 万元，有力支撑了农学院助力脱贫攻坚各项行动的开展。

二是率先设立“精准扶贫”专业学位研究生培养专项。与中国扶贫基金会、黑土麦田公益等全国性知名扶贫机构和地方政府合作开展精准扶贫实践的机制和模式探索，在国内率先设立“精准扶贫”专业学位研究生培养专项，培养扶贫一线高级专门人才。该研究生培养专项在招生条件上，面向

/ 全国农科学子联合实践行动小队开展专项调研

应用需求，拓宽专业和能力口径；在培养方案上，着重加强专题教育、案例教育和实践训练；在导师队伍遴选上，以校内实践经验丰富的教授为主，以地方专家、企业家和行政管理方面的优秀人才为辅，组建研究生指导教师团队；在论文选题上，以精准扶贫实践需求为导向，“把论文写在祖国大地上”。该研究生培养专项共招收 50 名学子奔赴 10 余个贫困村开展驻村扶贫工作，共建设学生引种基地 2 个，引种 10 余种新型作物，总种植面积超过百亩；协助村民建立专业合作社 2 个，协助 2 个联合社销售农产品；协助当地吸引投资、申请政策资金超过 430 万元。

三是创办乡村振兴青年农场主菁英班和种业菁英班。自 2016 年起，农学院联合校友会创办了 2 个菁英班，采取班级成员“企业家 + 大学生”、培养体系“理论 + 实践”、教学场所“大学 + 企业”、教学内容“管理 + 技术”、实训项目“国内 + 国际”、教师队伍“专职 + 兼职”、教学方式“现场 + 互联网”的方式，以先进、实践、实训和创新为鲜明特色，实现人才培养从课堂到岗位的无缝对接，培养卓越的农科领军人才，探索培养“农业通才”和“一懂两爱三有”人才，为巩固稳定脱贫效果持续提供人才支撑。

（照片提供：中国农业大学农学院）

/ 车河有机农业社区

**中国农业发展银行扶贫综合业务部扶贫政策与实验示范处** 牵头制定全行政策性金融扶贫发展规划，出台一系列精准扶贫信贷政策、制度办法和金融产品。创新构建产业扶贫“吕梁模式”，破解了贫困地区融资难融资贵问题。研究提出政策性金融服务深度贫困地区28条差异化政策，助推信贷支持、资源保障、定向帮扶等举措落地见效。创新推动政策性金融扶贫实验示范区建设，探索构建融资、融智、融商、融情“四融一体”定点扶贫工作体系。积极打造精品党小组，实现党建与扶贫一体发展，涌现出了全国金融系统青年五四奖章获得者、全行十大杰出青年等一批先进个人。

# 政策创新引活水　金融扶贫显担当

扶贫政策与实验示范处（简称政策处）是中国农业发展银行扶贫政策产品创新职能处，自2015年7月设立以来，紧紧围绕农发行政策性金融扶贫目标，坚持“四个围绕、四个创新”，研究出台政策性金融扶贫发展规划、运行机制、支持政策、产品模式等一系列创新举措，引导金融资金活水注入脱贫攻坚，全力助推支持打赢脱贫攻坚战，为彰显农发行金融扶贫先锋主力模范作用做出了突出贡献。

## 围绕破解融资难融资贵问题，创新产业扶贫“吕梁模式”

产业扶贫是稳定脱贫防止返贫的根本之策。贫困地区市场机制不健全、经营主体普遍小散弱、担保资源有限，急需建立产业扶贫的有效融资支持模式。政策处在山西吕梁试点，探索将政府组织协调优势、银行专业优势、贫困地区资源优势有机结合并发挥最大效用，创建产业扶贫融资支持的“吕梁模式”。该模式由地方政府主导建立产业扶贫贷款风险补偿共管基金，撬动农发行5～10倍信贷资金投入，农发行按照基准利率、信用方式发放贷款。同时，构建政银企三方参与的准入筛选、利益联结、联合监督机制，解决产业扶贫信息不对称问题；建立风险分担、基金补偿、督查管理机制，保障项目本身和银行业务可持续。经过一年多的实践，山西吕梁共到位风险补偿基金1.54亿元，入库小微企业3批137户；农发行支持企业67户，投放产业扶贫贷款5.36亿元，直接吸纳3 651名建档立卡贫困人口就业，与7 909户2.7万余名建档立卡贫困人口

/ 政策处人员与分支行员工讨论定点扶贫工作

签订了帮扶协议，带动每户年均增收 5 000 元以上。

“吕梁模式”在从试点走向制度化、规范化的过程中，政策处不遗余力地创新政策举措，研究制定了降低准入门槛、下放审批权限、实行总额控制、明确资金用途、执行优惠利率、采用信用方式、提高风险容忍度、建立绿色通道等十个方面的配套支持政策，鼓励分支机构大胆尝试，有效解决不敢贷、不愿贷、不会贷问题。为强化推广应用，政策处设计了“吕梁模式”操作流程和推广模板，组织在山西吕梁召开全系统现场会，在更大范围复制推广“吕梁模式”。短短时间内，“吕梁模式”已在贵州、广西、新疆等 7 个脱贫攻坚重点省（区）的 13 个贫困县落地，农发行支持中小企业 113 家，审批产业扶贫贷款 24.36 亿元，投放 15.64 亿元，带动贫困人口 3.5 万人增收。

同时，政策处还创新推出了东西部扶贫协作贷款、“万企帮万村”精准扶贫贷款、扶贫批发贷款、农业产业化联合体贷款等支持产业扶贫的多种贷款模式，推动形成了农发行支持产业扶贫的组合拳。到 2018 年底，农发行累计发放产业扶贫贷款 7 437.17 亿元，余额 4 129.8 亿元。

## 围绕攻克深度贫困堡垒，创新制定 28 条差异化政策

深度贫困地区自然条件恶劣、经济社会发展滞后，迫切需要加大支持投入。“三区三州”作为脱贫攻坚最难啃的硬骨头，必须采取强有力的举措。政策处深入“三区三州”开展调查研究，率先在金融系统研究推出支持深度贫困地区脱贫攻坚的意见，提出深度贫困地区贷款增速要实现“三个高于”的目标。中央和国家有关部委支持深度贫困地区脱贫攻坚的一系列政策出台后，政策处认真学习贯彻，积极协调行内有关部门，牵头制定出台了农发行支持“三区三州”脱贫攻坚 28 条差异化政策，从信贷政策、资源保障、定向帮扶等方面加大对深度贫困地区脱贫攻坚的全方位支持力度。

针对“三区三州”优质客户资源少、担保资源不足的问题，政策处认真研究放宽了

客户信用等级、项目资本金比例要求，创新提出使用在建工程和未来固定资产抵押等，比如新疆南疆四地（州）由此新准入企业近20家。针对贫困地区产业发展水平低、效益不高的问题，深入分析财务可持续和收益考核影响，明确提出扶贫贷款利率可在人民银行基准利率的基础上下浮10%，对执行优惠利率所减少的分支行经营收益在考核时予以回调，以调动支持深度贫困地区脱贫攻坚的积极性。比如，仅扶贫贷款利率优惠政策一项，2018年就为四川凉山节省支出4 900万元。为解决高海拔地区留不住人才的问题，研究提出实施双向交流、在薪酬福利和绩效考核方面予以倾斜等政策。此外，还出台了定向招聘、免费培训、结对帮扶、以购代捐等政策。截至2018年底，农发行“三区三州”扶贫贷款余额1 163.63亿元，比年初增长11.68%，是同期全行扶贫贷款增幅的1.81倍；各级行全年共招聘贫困大学生80名；免费培训“三区三州”大学生村官180名，培训干部群众23 587名；组织全系统开展扶贫公益捐款活动，共募集资金537.38万元；组织员工结对帮扶贫困户1 531户5 975人；组织全系统购买“三区三州”农副产品100.45万元。

与此同时，政策处建立了对深度贫困地区的监测分析机制，不断总结服务深度贫困地区的经验做法，进一步出台政策文件，将“三区三州”28条差异化政策支持扩大至169个中西部深度贫困县，让更多深度贫困地区充分享受政策红利。

/ 政策处人员调研产业基地

/ 政策处人员办公掠影

## 围绕解决“两不愁三保障”，创新扶贫信贷产品和方法

三年多来，政策处认真贯彻落实习近平总书记关于扶贫工作的重要论述，围绕“两不愁三保障”目标、“五个一批”脱贫路径不断探索创新，推动形成政策性金融扶贫全方位、立体式工作体系。

一是坚持规划先行。在全国金融系统率先推出了金融扶贫五年规划，及时制定农发行支持打赢脱贫攻坚战三年行动方案，明确了金融扶贫任务书、时间表和路线图。

二是加大产品创新。积极参与国家易地扶贫搬迁政策研究和规划制定，深入脱贫攻坚重点省份实地调研，在金融系统率先出台易地扶贫搬迁贷款办法，打响了金融支持易地扶贫搬迁的“头炮”，全行累计投放易地扶贫搬迁贷款 3 139 亿元，惠及搬迁人口 768 万人，其中建档立卡贫困人口占比 68%。积极对接国家专项扶贫行动，专门研发推出教育扶贫、健康扶贫、光伏扶贫、旅游扶贫、网络扶贫、贫困村提升工程等系列专项扶贫贷款产品，全行累计投放专项扶贫贷款 1 209 亿元，有效对接贫困地区基础设施、公共服务、产业发展的巨大资金需求。为解决贫困地区资金到位滞后影响脱贫攻坚进程的问题，研究出台扶贫过桥贷款办法，专门用于支持有稳定还款来源的扶贫项目，全行累计投放扶贫过桥贷款 926.7 亿元，有效促进了 557 个扶贫项目早启动。

/ 政策处人员深入田间地头考察调研

三是做好示范引领。研究创建政策性金融扶贫实验示范区，推动农发行分别与国务院扶贫办创建贵州毕节等4个实验示范区，与8个省级人民政府创建省级实验示范区，在金融与财政协同扶贫、扶贫信贷产品模式创新等方面积极发挥示范引领作用。将定点扶贫作为政策性金融扶贫的试验区和示范田，研究推出信贷支持、产业对接、社会帮扶、消费扶贫、扶贫培训等系列政策举措，推动构建融资、融智、融商、融情“四融一体”工作体系，创新实行向定点扶贫县派驻“三人小组”帮扶机制。农发行在定点扶贫县贵州锦屏承办了人民银行组织的中央金融单位定点扶贫工作推进会，与中央国家机关工委、人民银行、国家外汇管理局等部委合作，专门出台“一县一策”金融支持方案，形成了定点扶贫合作的“巨鹿模式”，合力推动定点扶贫县脱贫摘帽。

四是贯彻精准方略。始终把精准扶贫方略作为生命线，研究提出扶贫任务清单、项目清单和整改清单“三清单”管理，推动构建扶贫贷款台账系统、统计系统、单独核算系统、贷后管理系统、考核评价系统五大基础工程，把精准方略贯穿政策性金融扶贫始终，确保贫困地区和贫困人口真受益、长受益。

## 围绕抓党建促扶贫，创新打造精品党小组

政策处党小组将政治建设作为首要任务，深入学习贯彻习近平总书记关于扶贫工作

/ 政策处人员开会研究相关扶贫政策

的重要论述，认真研究推动中央脱贫攻坚大政方针在政策性金融扶贫中落地生根。始终坚持抓党建促扶贫，积极推进精品党小组创建工程，形成了党建与扶贫深度融合、一体发展，打造了一支讲政治讲奉献、懂金融懂扶贫、爱农村爱农民的战斗队，扶贫工作成效显著。

2015 年以来，全行累计投放精准扶贫贷款 1.75 万亿元，2018 年底贷款余额 1.35 万亿元，增长 138%，扶贫贷款投放额和余额均保持金融同业首位。产业扶贫贷款直接带动 329.13 万名贫困人口增收，项目扶贫贷款支持搬迁项目 608 个、安置面积 1.76 亿平方米，新建改建农村公路 30.93 万公里，修缮改造农村危房 40.88 万套，新建学校 3 437 所，生态修复治理面积 154.22 万亩等。

在脱贫攻坚战场上政策处涌现出了中央金融团工委 2016 年度“全国金融系统青年五四奖章”获得者、中国农业发展银行十大杰出青年、首届脱贫攻坚奖先进个人、总行机关优秀共产党员等先进人物。

（照片提供：中国农业发展银行扶贫综合业务部扶贫政策与实验示范处）

**中国石化集团有限公司扶贫办扶贫项目管理处** 2018 年统筹管理全集团承担的 8 个县 750 个村的扶贫任务，组织全集团 100 余家直属企业、60 余万名员工参与消费扶贫，投入扶贫资金 2.3 亿元，派出扶贫干部 1 994 名，实施扶贫项目 782 个，受益群众 38 万余人，帮助 3.6 万余人脱贫。定点帮扶的安徽省岳西县于 2018 年 8 月脱贫摘帽，对口支援的西藏自治区班戈县于 2019 年 2 月脱贫摘帽。重点打造组织保障、扶贫品牌、供销链条、消费合力、共赢环境“五个创新”，开展消费扶贫，取得显著成效。2018 年中国石化购买贫困地区农产品 968.1 万元，帮助销售 12 亿元；2019 年第一季度购买贫困地区农产品上千万元，召开扶贫产品推介展销会 5 场，签订扶贫产品订单超 1.2 亿元。

# 创新实施消费扶贫<br>助力打赢脱贫攻坚战

中国石化认真学习贯彻习近平总书记关于扶贫工作的重要论述，坚决落实党中央、国务院脱贫攻坚决策部署，全力以赴助推扶贫工作取得成效。中国石化扶贫办扶贫项目管理处作为公司扶贫领导小组办公室的日常工作机构，统筹管理对口支援、定点扶贫和全系统的各项扶贫工作，2018 年全系统投入扶贫资金 2.3 亿元，派出扶贫干部 1 994 名，共承担全国 8 个县 750 个村的扶贫任务。中国石化扶贫案例分别被国务院扶贫办和人民日报社列为推荐案例。在 2018 年 5 月召开的中央企业深度贫困地区脱贫攻坚现场推进会上，中国石化做了典型经验交流，会议安排中央企业负责人前往中国石化帮扶点甘肃省东乡族自治县布楞沟村实地考察调研。2017 年、2018 年连续两年在中央单位定点扶贫考核中被评为“好”等次。

中国石化认真贯彻落实国务院办公厅《关于深入开展消费扶贫助力打赢脱贫攻坚战的指导意见》精神，按照党组的要求，扶贫项目管理处重点围绕消费扶贫新方向，创新工作模式，发挥企业优势，发动企业全体员工参与消费扶贫，与中央单位通力合作，解决了扶贫产品“产、供、销”中的一系列难题，为贫困百姓增产增收、助力脱贫攻坚做出了积极贡献。在扶贫项目管理处的统筹实施下，2018 年中国石化购买贫困地区农产品 968.1 万元，帮助销售 12 亿元。2019 年第一季度购买贫困地区农产品上千万元，召开扶贫产品推介展销会 5 场，签订扶贫产品订单超 1.2 亿元，近三种扶贫产品在中国石

/ 中国石化扶贫商品展销会暨易捷第二届易享节启动仪式

化“易捷”便利店上架销售，以实际行动诠释了国有企业的责任和担当。

## 顶层设计，突出统筹，创新打造组织保障

扶贫项目管理处积极响应国务院大力实施消费扶贫的号召，将消费扶贫作为脱贫攻坚的重要任务抓紧抓实，加强顶层设计和统筹部署，落实消费扶贫组织保障。

一是加强方向引领，提高政治站位。组织召开中国石化扶贫领导小组会议，安排部署消费扶贫工作，并及时将会议相关要求以会议纪要形式印发全系统，凝聚消费扶贫共识。中国石化党组明确提出，“要把消费扶贫当作精准扶贫的重要抓手，充分发挥中国石化自身优势，将消费扶贫工作落到实处”。

二是加强统筹协调，落实组织保障。组织成立了中国石化消费扶贫领导小组，明确领导小组成员单位具体指导消费扶贫工作，系统内各单位承担具体工作任务。同时，扶贫项目管理处每月统计并通报各单位消费扶贫开展情况，并将消费扶贫纳入年度党建考核内容，促进各单位主动作为，实施好消费扶贫工作。

三是加强统筹谋划，明确实施路径。扶贫项目管理处牵头制定并印发了《中国石化深入开展消费扶贫助力打赢脱贫攻坚战实施方案》。结合企业实际，制定了开通凤凰县、泸溪县旅游扶贫线路，通过中国石化国际旅行社引导员工到贫困地区旅游消费等切实可行的措施，动员各方力量扩大贫困地区产品和服务消费。

## 源头参与，突出产品，创新打造扶贫品牌

扶贫项目管理处从参与产品生产源头来抓消费扶贫，加大产业扶贫力度、提升产品品质、打造扶贫品牌，全面提升贫困地区农产品供给水平和质量。

一是产业扶贫，扩大扶贫产品规模。依托中国石化产业扶贫项目，推动建设农牧种植养殖等产业。结合贫困县自然资源禀赋，扶贫项目管理处已在东乡县推广种植全膜玉米 2.1 万亩、脱毒马铃薯 4 [illegible]73 亩；在颍上县建成 700 亩家庭农场；在岳普湖县发展贫困户庭院经济项目，改善 2 463 户贫困户生产生活条件；在凤凰县试种猕猴桃 100 亩取得良好成效，并在岳西县、泸溪县推广种植猕猴桃 3 000 亩。切实帮助贫困地区转变生产模式，助推扶贫产品规模化。

二是严格把控，提升扶贫产品品质。扶贫项目管理处坚持以质量、安全为导向，助力提升扶贫产品品质。一方面，借助科研院所技术优势，提升贫困地区产品价值和品质。与甘肃省农科院合作，在东乡县推广种植藜麦、甜高粱 8 370 亩，带动贫困户增

/ 中国石化在湖南省凤凰县帮扶的猕猴桃、黄桃产业园

/ 中国石化帮扶的东乡藜麦喜获丰收

/ 中国石化助力打造的藜麦产品

/ 打造“易捷卓玛泉”品牌，助力西藏水产业发展

产增收。另一方面，建立扶贫产品销售准入机制，扶贫项目管理处联合中国石化易捷公司，定期发布质量通过审核的消费扶贫产品目录，严把扶贫产品质量关。

三是专业运作，打造扶贫产品品牌。一方面，强化扶贫产品“硬实力”，扶贫项目管理处协调落实资金上千万元，改善农产品生产基础设施条件，提高生产水平。另一方面，提升扶贫产品“软实力”，派驻专业管理团队，加印中国石化公益标识，输出中国石化的管理和品牌。“软硬兼施”，助推扶贫产品品牌化。在定点扶贫县打造的东乡藜麦、岳西桑枝木耳等多个扶贫品牌均已成功打入市场。帮助泽库西北骄、岳西咏鹅家纺、颍上烤鸭蛋、岳普湖大枣等扶贫品牌实现销售近 3 000 万元。在西藏深度贫困地区发挥中国石化专业化运作优势，采用世界领先工艺打造的“易捷卓玛泉”天然冰川水品牌，已成功走进千家万户、走出国门。截至 2018 年底，“易捷卓玛泉”天然冰川水累计销量突破 10 亿瓶，销售收入 18.1 亿元，2018 年实现销售额 10.3 亿元，带动当地 800 人就业，累计缴纳税费近 2 亿元，被西藏自治区评为企地产业扶贫合作典范。

## 中间搭桥，突出连接，创新打通供销链条

扶贫项目管理处着力构建农户、产品、厂商、市场间的连接机制，打通扶贫产品供销各环节，搭好相互间的利益、供应和市场连接桥。

/ 中国石化在兰州开设的极臻甘肃展示馆展销甘肃优质农牧产品

一是聚焦产品与农户，搭建利益连接桥。要使消费达到扶贫目的，就要加强对扶贫产品和贫困户的精准识别，确保农户有收益。为此，扶贫项目管理处通过中国石化挂职干部、驻村工作队、直属企业严格审核把关，加强对扶贫产品与贫困户间利益连接机制的源头追溯，确保扶贫产品具有扶贫属性，确保贫困户能够真正获益。

二是聚焦农户与厂商，搭建供应连接桥。一方面，搭建起农户与厂商农产品供应的连接桥。积极对接贫困县，帮助建立农产品销售合作社超 50 个，助力农户销售农产品，提升农户收入。另一方面，搭建起农户与厂商劳动力供应的连接桥。扶贫项目管理处积极推动，已在贫困县建成扶贫车间 20 余个，帮助超 500 户贫困户就业增收。

三是聚焦厂商与市场，搭建市场连接桥。扶贫项目管理处着力解决好扶贫厂商愁销路、愁市场问题，搭建起扶贫厂商与市场的连接桥。第一，依托中国石化 2.7 万家易捷便利店连接市场。组织扶贫厂商参加易捷十周年庆典、易捷新品发布会、省市公司扶贫产品招商会等活动 10 余次，帮助上千种扶贫产品进入易捷渠道，2018 年实现销售 1.6 亿元。第二，依靠极臻甘肃、加油广东、易捷加油等 13 个直属企业 App 平台连接市场。2019 年第一季度，仅易捷加油平台就帮助销售扶贫产品 1 600 余万元。第三，依靠扶贫产品展销会连接市场。扶贫项目管理处协调各方力量，2018 年在甘肃、湖南、天津等地组织以扶贫为主题的农牧产品订货会、展销会 15 场，帮助上百家扶贫厂商实现销售近亿元。

## 终端助力，突出销售，创新打造消费合力

扶贫项目管理处以扩大扶贫产品销售为目标，充分挖掘内部消费潜力，强化渠道合作和电商合作，凝聚起推动消费扶贫的强大合力。

一是强化内部参与，形成全员扶贫合力。第一，积极动员内部各级组织、工会优先采购 832 种贫困县的农产品，中国石化各级工会明确将扶贫产品纳入员工慰问采购目录。第二，成功推动中国石化内部食堂与部分贫困县签订农产品直供协议，以庞大的内部消费促进消费扶贫。中国石化所属胜大超市依托 100 余家门店开设了农产品销售专柜，扩大农产品销售。第三，与覆盖 60 万名员工的石化员工团购网对接，面向全员开展扶贫产品销售，2018 年帮助销售扶贫产品 190 万元。

二是强化渠道合作，形成共同推进合力。一方面，发挥中国石化易捷渠道优势，将其他扶贫单位的产品“请进来”，开展销售合作。截至 2018 年底，引入证监会、应急管理部、中海油等 42 家中央定点扶贫单位所帮扶的贫困县扶贫产品 1 000 余种，帮助销售 1.35 亿元。另一方面，积极将中国石化扶贫地区产品“送出去”，借助兄弟单位优势资源开展渠道合作，形成优势互补、共同推进的合力，共同帮助贫困地区农户增产增收。

三是强化电商合作，形成线上线下合力。扶贫项目管理处通过加强电商扶贫力度，

扩大消费扶贫覆盖面。第一，拓展自有电商扶贫，在中国石化易派客、朝阳 e 站、各省市石油公司 App 等自有平台，设立贫困地区特色产品馆和扶贫频道，扩大扶贫产品影响力。第二，拓展外部电商扶贫，与中国社会扶贫网合作，推出中国石化扶贫产品分馆，拓宽扶贫产品销售渠道。第三，创新“互联网 + 消费扶贫”的 O2O 模式，依托电商线上扩大影响力和下单量，背靠 2.7 万座便利店线下做好供应和提货保障，形成线上线下互动合力。2018 年通过强化电商合作，带动销售扶贫产品 331.8 万元。

## 宣传引领，突出互促，创新打造共赢环境

扶贫项目管理处加强宣传引领，助推消费扶贫和企业发展的协同配合、互促共赢，推动消费扶贫可持续发展。

一是加强宣传引领，助力消费扶贫。坚持内外联动，加强消费扶贫宣传推介。一方面，对内积极动员。向全员发出消费扶贫倡议书，推动形成“人人参与消费扶贫、人人宣传消费扶贫”的良好氛围。联合公司共青团系统开展以消费扶贫为主题的创新创意大赛，为深入推进消费扶贫出谋划策。另一方面，对外积极宣传推介。与中国扶贫基金会在东乡县、凤凰县和泸溪县合作打造美丽乡村民宿项目，并参与“百美村宿”评选，推广乡村旅游。运用线上扶贫平台、易捷便利店发布公益广告和海报，推介特色农产品，助力消费扶贫。

二是突出互促共进，打造共赢环境。扶贫项目管理处积极挖掘消费扶贫对企业发展的带动作用，实现消费扶贫和企业经营互促共进。一方面，积极牵线搭桥，以消费扶贫为切入点，帮助各直属企业更加全面融入地方发展，参与地方经济建设，助力脱贫攻坚。另一方面，通过大力推进消费扶贫，助推企业主业发展，提升中国石化品牌影响力。2018 年，中国石化易捷公司实现交易额 671 亿元，同比增长 29%，为下一步更好地服务消费扶贫打下坚实基础。

中国石化扶贫办扶贫项目管理处通过创新消费扶贫模式，统筹推进各项扶贫工作，为脱贫攻坚做出了积极贡献。2018 年，中国石化全系统实施扶贫项目 782 个，受益群众 38 万余人，帮助贫困地区 3.6 万余人脱贫。定点帮扶的安徽省岳西县于 2018 年 8 月脱贫摘帽，对口支援的西藏自治区班戈县于 2019 年 2 月脱贫摘帽。

（照片提供：中国石化集团有限公司扶贫办扶贫项目管理处）

**内蒙古自治区鄂尔多斯市杭锦旗人民武装部** 认真践行“绿水青山就是金山银山”的发展理念和内蒙古“生态优先绿色发展”规划，坚持扶贫先治沙，带领干部职工和广大民兵25年如一日，累计种植林草2 200余万株，造林7.4万余亩，形成东西长12.5公里、南北宽3.8公里的固沙林带，植被覆盖率达90%。2014年以来，利用生态建设成果，义务植树2 700余亩、管护林地近万亩，促使周边农牧民增收80余万元。无偿提供草木资源2 000余吨，使贫困农牧民增收40余万元。新建生态扶贫民兵林和甘草种植示范基地1个，为全旗民兵林建设和甘草种植提供了示范。结对帮扶阿斯尔嘎查，每年投入近20万元用于支部建设、集体经济发展、群众生产生活条件改善，带动1 300余人实现脱贫。

## 践行人民武装宗旨　大力实施生态扶贫<br>持续助力打赢边疆少数民族地区脱贫攻坚战

杭锦旗位于内蒙古鄂尔多斯高原西北部，面积1.89万平方公里，库布其沙漠横贯东西。20世纪90年代，当地沙化、半沙化率达59.3%，气候十分恶劣，严重影响群众生产生活，贫困人口超过7万人，是“三年两灾”的国家级贫困县（旗）。杭锦旗人民武装部（简称人武部）积极响应党中央号召，坚持扶贫先治沙，带领干部职工和广大民兵挺进号称“死亡之海”的库布其沙漠进行治沙绿化，25年如一日，一任接着一任干，累计种植林草2 200余万株，造林7.4万余亩，形成东西长12.5公里、南北宽3.8公里的固沙林带，该林带植被覆盖率达90%。人武部治沙造林受到军地各级领导和群众的广泛认可，先后被全国绿化委

杭锦旗人武部官兵人工背运沙柳场景

原人事部、原国家林业局联合表彰为全国防沙治沙先进单位；被原北京军区表彰为生态建设先进单位，荣立集体二等功 2 次。

2014 年以来，人武部认真践行习近平总书记“绿水青山就是金山银山”的发展理念和内蒙古“生态优先绿色发展”规划，利用生态建设成果，以生态扶贫为主要模式积极参与脱贫攻坚。5 年来，累计义务植树 2 700 余亩，义务管护林地近万亩，直接为周边农牧民增收 80 余万元。无偿提供草木资源 2 000 余吨，为贫困农牧民增收 40 余万元。新建生态扶贫民兵林和甘草种植示范区各 1 个，为全旗民兵林建设和甘草种植提供了示范。结对帮扶阿斯尔嘎查，每年投入近 20 万元加强党支部建设、发展集体经济、改善群众生产生活条件，先后协调旗政府为阿斯尔修路 40 公里、打井 74 眼、架线 15 公里、通电 22 户，加快了帮扶嘎查脱贫进程。发动全旗人武系统干部职工和广大民兵 3 100 余人次，通过绿色产业辐射帮扶 430 余户贫困户，带动 1 300 余人实现脱贫。人武部先后被鄂尔多斯军分区评为扶贫参建先进单位，被内蒙古军区评为基层全面建设先

/ 杭锦旗人武部官兵深入沙漠腹地植树

进单位，被内蒙古自治区表彰为民族团结进步模范集体，2018 年被军委国防动员部记集体三等功。

## 学习党中央脱贫攻坚方针政策，定准参与脱贫攻坚的目标点

党的十八大以来，以习近平同志为核心的党中央把脱贫攻坚作为全面建成小康社会的底线任务和标志性指标，纳入“五位一体”总体布局和“四个全面”战略布局，摆到治国理政的重要位置，全面打响脱贫攻坚战。人武部坚持把参与脱贫攻坚作为政治任务和党委工程，高度重视，迅速行动，主动作为，倾力打赢精准脱贫攻坚战。

一是统一思想凝心聚力。人武部先后召开党委会、支部党员大会、党小组会、干部职工大会和民兵干部会，深入学习习近平总书记关于脱贫攻坚工作的重要论述，深刻领会“打赢脱贫攻坚战不是搞运动、一阵风，要真扶贫、扶真贫、真脱贫”的重大意义，

切实把干部职工和广大民兵的思想统一到党中央、中央军委和习近平总书记的决策部署上来，为团结一心参与打赢脱贫攻坚战奠定了坚实的思想基础。

二是摆上高位大事大抓。人武部按照军委国防动员部和内蒙古军区、鄂尔多斯军分区党委指示要求，把参与打赢精准脱贫攻坚战作为严肃的政治任务和肩负的重大责任，作为维护核心、看齐追随的现实考验，切实摆上位、抓到位。2014 年初，人武部党委主动向旗委政府请缨，采取生态建设支撑生态扶贫的模式，深度参与全旗打赢精准脱贫攻坚战。

三是科学筹划理清思路。人武部会同旗扶贫办及相关苏木（镇），历时半年对全旗生态扶贫工作进行调查摸底，在多方征求意见的基础上，制定了生态扶贫五年规划，确立了“全面动员、依靠生态、盘活资源、产业带动、持续脱贫”的工作思路，明确了帮扶项目、帮扶对象、投入资金、办法措施等，为全面开展生态扶贫工作提供了依据。

## 倾力挖掘探索生态扶贫路子，把准参与脱贫攻坚战的切入点

坚决贯彻习近平总书记“真扶贫、扶真贫、真脱贫”的指示要求，在精准扶贫上持续用力。

一是盘活生态资源。充分利用现有资源，积极为农牧民脱贫助力。2014 年以来，人武部无偿为锡尼布拉格嘎查的阿拉腾等 7 户牧民提供万亩林生态基地中的杨柴、青草

/ 杭锦旗人武部官兵春季植树

/ 杭锦旗人武部官兵背水浇树

用于喂养牲畜，为每户每年节省饲草费用达 5 000 元，大大降低了他们的养殖成本。2014 年、2017 年，先后为 1 名病退职工和 1 名患病退伍军人免费提供沙柳条 110 余吨，每人增收 5 万余元，减轻了他们的医疗费用负担。积极回应杭锦旗锡尼镇具体需求，协调流转了锡尼布拉格嘎查牧民其木格的 435 亩荒沙地，助其获得补偿近 20 万元，让其还清了长期债务，帮其孩子圆了大学梦。

二是发挥民兵作用。2014 年以来，人武部动员广大民兵发挥主力军作用，积极推进生态扶贫，累计种植林草 4 100 余亩，起到了明显的示范引领作用。杭锦旗敖楞乌素嘎查民兵巴格那，2016 年以来重点推进集体经济发展，种植生态杨树林 500 余亩、优质甘草 240 亩，年利润突破 5 万元，带动 2 户 5 名贫困群众实现稳定脱贫。人武部积极宣传开展“一兵带一户”活动，杭锦旗 7 个苏木（镇）的民兵骨干深入发动群众、主动帮带群众，形成了群策群力抓扶贫的良好局面，星星之火渐成燎原之势。

三是抓好结对帮扶。针对阿斯尔嘎查自然环境恶劣、自身劳动力不足、基础设施薄弱的实际，注重抓细抓小、一事一法，逐一攻克致贫难题。坚持“给钱给物不如给个好支部”，大力帮建嘎查党支部，配齐支部办公设施。人武部领导定期深入支部讲党课，积极宣传党的惠民富民政策，与支部成员共研共商脱贫措施。坚持对症下药、因人施策，5 年来投入 110 余万元，聚力解决群众现实困难，为 13 户整修房屋，为 56 户保障过冬用煤，为 150 户购买鸡苗，为 14 户新建牲畜圈舍；组织开展种植养殖培训，辅导人员 150 余人次。坚持发展集体经济，在增加嘎查集体收益、注入发展动力的同时，带动了 3 户贫困户增收脱贫。截至 2019 年 6 月，全嘎查 16 户 35 名建档立卡贫困群众，除 1 户因病实施兜底保障外，其余贫困户都已稳定脱贫。

## 着力打造生态扶贫长效模式，找准农牧民稳定脱贫的发力点

人武部在参与脱贫攻坚中既“输血”更“造血”，着眼长远，积极探究长效管用的生态扶贫模式。

/ 杭锦旗人武部官兵深入贫困户查看人畜用水情况

一是生态补偿促进脱贫。生态补偿有利于保护生态系统资源。2014 年以来，人武部义务种植和管护的万余亩林地，按每年每亩林业补贴高于禁牧补贴 8 元计算，每年可为 10 余户农牧民增收 8 万余元。在人武部生态建设的号召下，杭锦旗持续开展治沙造林活动，森林覆盖率从 1994 年的 5.4% 增长到 2018 年的 18.7%，全旗每年有 2 亿多元林业补贴惠及全旗农牧民。

二是生态就业带动脱贫。人武部生态基地护林员于二明，原本是贫困户，自担任生态护林员以来工资逐年增加，现在每月收入 3 800 元，过上了不愁吃不愁穿的好日子。杭锦旗近百家企业、单位参照人武部做法，吸纳贫困户任职生态护林员，扶持他们走上了脱贫之路。

三是生态产业推动脱贫。“生态 + 产业”的扶贫模式，可将生态优势转化为发展优势，是实现稳定脱贫的有效路径。2014 年，人武部率先在生态基地建起了甘草种植示范区，取得了明显的经济效益。杭锦旗敖楞乌素嘎查民兵额尔德木图学习这种生态发展模式，自 2015 年起连续 4 年种植甘草，带领 8 户贫困户 13 人种植甘草 2 000 余亩，其中 6 户已稳定脱贫。

（照片提供：内蒙古自治区鄂尔多斯市杭锦旗人民武装部）

# 后　记

本书的编写得到以下单位和同志的支持和帮助，特致以由衷的感谢：

感谢全国脱贫攻坚奖组织创新奖获奖单位为本书编写提供基础文稿和照片。

感谢国务院扶贫办政策法规司、全国扶贫宣传教育中心、中国扶贫志愿服务促进会等单位，在本书编写出版过程中所做出的贡献。

感谢中国人力资源和社会保障出版集团为本书最终编辑出版提供技术支持。

特别感谢长期以来在脱贫攻坚中埋头苦干，探索创新，切实把精准扶贫、精准脱贫落到实处，不断夺取脱贫攻坚战新胜利的广大干部群众，他们为本书奠定了思想和实践基础，注入了活力和动力。

编者

2019 年 12 月